미래
학교

documentary is Life!
EBS 다큐프라임

EBS 다큐프라임 [미래학교] 제작진 지음

미래
학교

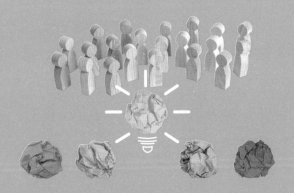

학교의 변화는 온다, 천천히, 그러나 과감하게

미래라고 학교가 얼마나 바뀌겠어?

미래학교는 소위 '구름 속의 학교'로 불린다. 이미 일상생활에서 익숙해진 클라우드 기반의 학교가 될 것이라는 어렴풋한 예측만 있을 뿐, 형체를 알 수 없는 뜬구름처럼 아직 그 실체가 드러나지 않았기 때문이다. EBS <미래학교> 3부작에 참여한 한국, 싱가포르, 인도, 노르웨이 등 4개국에서 가장 많이 받은 질문 역시 '미래라고 학교가 얼마나 바뀌겠어?'와 같은 맥락이었다.

취재를 하며 국가나 세대별로 학교에 대한 인식이 확연하게 다르다는 것을 알게 되었다. "내가 학교 다닐 때는 말이지"로 시작되는 학창 시절 이야기는 "선생님의 억양대로 배우던 외국어 수업"과 "늘어지도록 들려주던 외국어 테이프"가 특색인 1980~90년대의 기억을 거쳐 "시청각 교육실에서 봤던 비디오"로 이어졌다. 빨간색 펜으로 채점해주던 답안지는 어느새 OMR 카드로 바뀌었고 CBT(컴퓨터 기반 평가)가 도입된 지는 꽤나 오래되었다.

학부모 세대가 기억하는 학교는 비록 형식적이었을지언정 교육에 필요한 첨단 기기와 자료가 있는 공간이었다. 각 가정에 컴퓨터가 보급되기 전 학교에 먼저 생긴 전산실, '학교 괴담'의 산실이 된 과학실의 인체모형과 각종 표본들, 세상 모든 지식을 담았다는 백과사전이 꽂힌 도서실 등이 있었다. 가정보다 세대를 앞서

간 곳이 바로 학교였다.

반면 휴대전화가 보편화된 1996년 이후 태어나 2000년대 중반 스마트폰을 쓰며 학교를 다닌 세대들에게 학교는 기술 변화의 갈라파고스 섬으로 기억된다. 그들에게 학교는 집에서는 쉽게 접속할 수 있는 인터넷의 불통 구역이자 자기 방의 컴퓨터보다 사양이 낮은 컴퓨터, 부모 세대가 배웠던 것과 같은 형태의 교과서와 프린터물이 있는 곳이었다. 인터넷과 컴퓨터 사용은 최대한 자제해야 했고, 수업 시간이면 휴대전화는 당연히 수거해 가는 것으로 여겨졌다. 학교는 정해진 과목을 시간표대로 완수하며 선생님으로부터 무언가를 '배우고 공부하기' 위해서 가는 곳이었다.

이처럼 세대와 국적은 달라도 50년 전의 학교와 지금의 학교 간의 변화는 비교적 명확했기에 이해가 어렵지 않았다. 그런데 왜 우리 아이들의 학교는 낯설고 걱정이 되는 것일까?

"이젠 초등학교에 산수가 없더라고요"
"우리 땐 그렇게 배우지 않았는데……"
"한 2~3년은 앞서 있는 거 같아요"

얼마 전 초등학교에 입학한 자녀를 둔 학부모 모임에서 한 명이 얘기를 꺼내자, 다른 학부모들이 기다렸다는 듯 고민을 쏟아냈다.

"중학교에만 가도 요즘 애들 공부가 확 어려워져요"
"아이들 공부 봐주는 게 어렵더라고요"
"학원은 또 어딜 보내야 할지 걱정이에요"

이미 10여 년 전부터 있어왔던 흔한 고민이다. 과거에는 그저 서로 정보를 공유하는 선에서 해결책을 찾는 게 전부였다. 하지만 현재 초등학생 학부모들은 이런 고민을 해결하려면 우선 낯선 문서부터 해독해야만 한다. 바로 '과정중심평가' 때문이다.

해당 평가는 상중하로 나뉘기도 하지만, 대부분 도달과 미도달로 간략하게 표시된다. 학창 시절에 '수우미양가' 혹은 'ABC'로 표기된 성적표를 받았던 학부모로서는 교과목의 이름이나 난이도가 바뀐 것보다, 평가의 변화와 표현이 더 낯설고 당혹스럽다. 한 부분을 욱죄면 다른 곳이 부풀어 오르는 풍선처럼 학교의 변화에 대한 불안감이 커지는 이유다.

이러한 현실 탓에 학부모들은 '학교가 어떻게 변할 것인가'에 대한 근본적인 고민보다 '평가가 어떻게 변할 것인가', '어떤 과목이 추가될 것인가', '남보다 평가를 잘 받으려면 어떻게 해야 하는가'와 같은 제 살 깎아먹기식 교육 경쟁에 뛰어들게 된다. 학교에서 가르치는 과목은 앞으로 어떻게 들고날지 몰라도 변하지 않는 기본 과목인 수학, 영어, 국어 교재가 인기를 끈다. 코딩이 정규과목으로 들어온다니 코딩 학원이 인기를 끄는 식이다.

시시각각 변하는 학교, 우리가 미래에 만날 학교는 도대체 얼마나 낯설까?

그나마 지난 50여 년간 이어진 학교의 변화는 외계어처럼 이해 못할 정도는 아니었다. 전자칠판, 코딩, A.I. 보조교사 등이 오래전부터 예고돼왔고, 실제로 사용되고 있는 곳도 여럿이다. 일상생활에서 널리 이용되는 기술이 교실을 바꿔놓는 건 어찌 보면 당연한 수순이다.

학교에는 디지털 교과서나 모둠학습, 조별 과제 등 학부모 세대도 적응 가능한 수업 방식의 변화가 있었다. 인터넷 사용 시간을 두고 아이와 신경전을 벌이기도 하지만, '현재 학교에서 가르치고 있는 것을 더 잘 가르치는 데 쓰인다면, 더 잘 배울 수 있기'만 하다면 기꺼이 스마트폰과 인터넷 사용도 허락할 것이다.

그런데 과연 이 가정은 옳은 걸까? 미래의 학교에서도 현재와 같이 가르치는 선생님과 배우는 학생이라는 역할 구분이 명확할 것인가? 수학, 영어, 국어, 사회라는 과목명 대신 '문제 해결능력', '창의성', '협력성'이라는 교과가 생겨날 수도 있다. 한 발 더 나아가 교단이 사라지고 아이들 사이를 떠도는 것(floating)이 교사의 역할이 된다면 우리는 아이들을 지금처럼 '당연히' 학교에 보내게 될까?

진짜 변화가 시작된다!
미래를 예측하고 대비하는 학교

EBS <미래학교> 3부작을 제작하면서 수많은 미래 예측보고서를 볼 수 있었다. 주로 학부모들이 학창 시절이었을 1990년대에 작성된 것이다. 전자칠판, 학생들의 디지털보드처럼 이미 도입된 것도 있었고, 두뇌에 칩을 심어 외국어를 가능하게 한다는 식의 아직은 공상과학소설 같기만 한 예측도 있었다. 이미 90년대 초반 '19세기 교실에 20세기 교사가 21세기를 살아갈 학생들을 가르치고 있다.'며 교육 부문 투자에 대한 따끔한 질책도 있고, '21세기에는 규격화된 인재는 필요 없고 모방으로 일자리를 찾을 수 없다.'라는 통찰도 엿보인다.

<미래학교-열다, 바뀐다, 생각하다>는 한국, 싱가포르, 인도, 노르웨이 4개국의 학생들이 함께 한 미래 여행이었다. 머지않은 미래인 2030년대 OECD가 예측하는 학교의 특성, 규모, 교육 등을 학자들이 오랫동안 연구해온 교육 방법에 접목해보는 시도였다.

1년에 걸친 작업 중 가장 수월했던 것은 '21세기 교실'을 만드는 일이었다. 초고속 무선 인터넷의 높은 보급률을 등에 업고 세계 최고 수준의 디지털 교과서가 도입된 한국에 미래학교 설치가 결정되고, 전 세계의 '스마트 교실'에서 사용되는 기기들을 준비했다.

반대로 가장 오랜 시간이 걸린 것은 교과과정, 즉 '커리큘럼'을 조정하는 일이었다. 담당 과목이 다르고 세분화된 4개국 교사들이 어디서도 시도되지 않은 수업의 밑바탕을 그렸고, 4개국에서 모인 12명의 학생들이 완성하는 여정은 꽤나 험난했다. 해당 과정에서 우리는 기술이 가져온 미래 교육의 가능성에 감탄했지만, 무엇보다 그 기술이 가능하게 해준 학교 구성원의 변화에 주목했다. 소위 '디지털 네이티브'로 분류되는 우리 아이들의 학습법은 선생님이나 제작진의 예상을 뛰어넘었다. 그 무한한 잠재력을 가진 아이들을 우리는 학교라는 울타리에 가두어놓고 있는 것은 아닐지!

과거의 학부모가 될 것인가,
미래의 학부모가 될 것인가?

우리는 미래의 변화를 쉽게 예측할 수도, 선택할 수도 없다. 특히 제도 교육에 있어서 학부모들에겐 선택권이 거의 없다. 학교 기자재를 바꾸고, 과목을 조정하고, 평가를 바꾸는 것은 학부모의 역할이 아니다. 특히나 입시제도가 출렁일 때마다 정보를 모으고 진학 플랜을 짜는 학부모의 교육열은 마치 용광로를 연상케 할 정도다. 이는 비단 한국만의 문제는 아니다. 싱가포르 언론에는 '교육열', '진학 경쟁'이라는 기사가 단골로 등장하며, 인도는 IT와 의학계열 진학을 위한 교육 과열이 사회문제로 대두된 상황이다. '제4차 혁명' 시대를 맞아 교육 과정 개편을 시도하는 노르웨이는 다른 의미로 교육열이 높은 나라다. 그들의 고민은 대동소이하다.

방송에서 본격적으로 다루지 못했던 부분은 당장의 성적 우수자가 아닌 보다 먼 미래를 바라보며 경쟁력을 키워주고 있는 학부모들의 이야기였다.

그렇다면 디지털 네이티브 아이들의 학습법은 어떤 것이며, 그들의 장점을 극대화하는 방법은 무엇일까? 인간과 A.I.가 함께 살아갈 미래에 내 아이에게 필요한 교육은 과연 무엇인지, EBS <미래학교> 제작팀도 확실한 해답을 내놓을 수는 없다. 그저 4개국의 선생님들과 제작진이 치열한 고민과 시행착오 끝에 얻은 결론을 통해 머지않은 미래학교의 존재 이유에 대한 화두를 던질 수 있었으면 한다. 어른들이 생각하지 못한 교육의 목적을 오히려 12명의 아이들이 가르쳐준, 그 놀라운 여정의 초청장을 독자들에게 보낸다.

2019년 10월, EBS <미래학교> 제작진

PART 1
미래학교를 열다

PART 2
미래학교를 바꾸다

PART **3**
미래학교를 **생각하다**

PART **4**
미래학교 **진학준비** 부모 편

우리는 가장 큰 원인을 무시하고 있다.
학생들은 변했다.
현재의 교육 체제로는 오늘날의 학생들을
교육시킬 수 없다.

_ 마크 프렌스키|Marc Prensky

PART

1

미래학교를
열 다

School of Future

1 미래학교의 아이들

미래학교에서는 무엇을, 어떻게 배우게 될까?

변화가 폭풍처럼 밀려들고 있어요. 공항에 가보면 로봇이 돌아다니면서 청소를 하고, 안내도 하죠. 오늘날 A.I.의 수준입니다. 하지만 10년 후 딥러닝이 가능한 A.I.가 나타나 미래 교육을 정의하고, 에듀테크*의 발전에 기여하는 것은 바로 여러분에게 달려 있어요.

2018년 국제교육공학 컨퍼런스의 강단에 선 교육학자가 현직 교사는 물론 앞으로 교사를 꿈꾸는 사범대생들을 향해 던진 메시지다. 디지털 기술과 교육의 접목은 많은 공학자들에게 화두로 떠올랐다. 실제로 많은 테크놀로지 기업들은 첨단 기술로 가능해질 교실의 변화를 강조한다. 예를 들면 다음과 같은 것들이다.

학생이 자신의 자리에 앉아 태블릿을 켠다. 지문, 홍채 등의 생체 정보를 통해 로그인하면 선생님의 스크린에는 출석 상황이 켜진다. 세계의 지리와 문화를 배우는 시간에는 전자칠판에 인도 문화에 대한 설명이 이어진다. 흥미를 느낀 아이 한 명은 투명한 스크린으로 다가간다. 스크린 너머로 인도의 학생이 등장한다. "너희 나라에서는 고양이가 어떤 의미야?" 이 말은 곧장 힌두어로 번역돼 학생에게 전달되고, 상대편에서 말한 힌두어는 한국어로

★ edu-tech: 교육(Education)과 기술(Technology)의 합성어로 '기술을 활용한 교육'.

정보 습득, 학습, 여가, 교류 등을 디지털 기기를 통해 해결하는 것은 어느 나라에서건 디지털 네이티브들의 공통점이다.

번역된다. 언어와 공간의 제약을 뛰어넘는 교육이 이뤄지는 장면이다.

가상현실을 통해 화학 주기율표가 교실의 공간에 떠다닌다. "정렬해보세요."라는 선생님의 지시에 아이들은 마치 커다란 완구를 조립하듯 가상의 블록을 움직여 주기율표를 완성한다. 컴퓨터 게임에 익숙한 아이들에겐 마치 놀이와 같이 즐거운 수업이다.

한 학교의 수학 시간, 아이들 앞에는 수학 문제가 팝-업 된다. "문제풀이 시작"이라는 말과 함께 선생님의 모니터에 아이들의 풀이 과정과 답이 표시된다. 한 아이의 디지털 움직임이 30초 이상 정지돼 있다고 모니터에 경고가 뜬다. 선생님이 다가가보니 아이가 딴짓을 하고 있다. 즉시 제지를 받는다.

다른 아이 한 명이 정답을 세 번 이상 수정한 것으로 기록된다. 개념이 헷갈리는 모양이다. 선생님이 아이에게 다가가 간단한 설명을 해준다. 완전한 일대일 교육이다.

위 사례와 같이 미래학교에서는 아이들의 시선을 따라가며 기록하는 아이트랙킹eye tracking을 통해 수업 중 주의가 흩어지는 학생들을 찾아내는가 하면, 뇌파를 기록해 학습 능력을 평가할 것이라는 의견도 나온다. 이 모든 기술은 재정상·기술상의 이유로 아직 교육 현장에 투입이 되지 않았을 뿐, 이론상으로는 충분히 가능한 미래 교실의 모습이다.

그런데 더 중요한 문제가 있다. '미래의 아이들은 어떤 공부를 해야 할까?'라는 질문이 바로 그것이다. 과연 현재의 과목들이 미래에도 그대로 유지될까? 기술의 발전을 이용해 보다 쉽고 개별적으로 공부하게끔 해주는 것이 아이들의 경쟁력을 키워주는 방법은 아닐까?

다음 수학 문제를 풀어보자.

공장에서 하루에 차 세 대를 생산할 수 있다고 가정하면, 차 12대를 생산하는 데는 며칠이 걸리는지 쓰시오.

글자만 읽을 수 있다면 초등학생도 풀 수 있는 문제다. '12÷3=4'라는 공식은 암산만으로도 충분하다. 그런데 일본의 토다이라는 대학 입학시험 응시자는 이 문제를 풀지 못했다. 수학 능력이 떨어지는 응시자도 아니다. 토다이는 대입에 나온 적분 문제는 쉽게 풀어냈다고 한다. 토다이의 첫 시험이라는 2013년도 대입 모의시험 성적표를 보자. 수학 2는 평균 이상의 성적을 거두었다.

	영어	일본어	세계사	일본사	수학 1	수학 2	물리
토다이	95 (/200)	49 (/100)	52 (/100)	44 (/100)	40 (/100)	55 (/100)	31 (/100)
응시자 평균	93.1	45.9	40.8	47.2	47.1	50.4	32.7

응시자 평균에 뒤처지는 과목도 있지만, 당시 토다이의 점수는 581개의 일본 사립대학 중 472개의 대학교에서 입학 허가를 받을 수 있는 수준이었다. 토다이는 2013년을 시작으로 매해 대입 시험에 응시해왔다. 성적은 계속 올랐다. 2016년 말, 대입 4수생 토다이의 성적에 일본 언론이 들썩였다. 토다이는 전체 응시자 중 상위 20퍼센트에 해당하는 성적을 기록했고 학습 능력으로 보면 2021년에는 무난히 일본 최고의 명문 대학인 도쿄 대학에 입학할 것이라는 예측이 신문에, 방송에, 논문에 소개된 것이다. 심지어는 토다이의 오답도 화제가 됐다.

빈칸에 들어갈 말을 찾는 영어 문제다.

N: We're almost at the bookstore. We just have to walk for another few minutes.

S: Wait. (   )

N: Oh, thank you. That always happens.

S: Didn't you tie your shoe just five minutes ago?

N: Yes, I did. But I'll tie it more carefully this time.

① We walked for a long time.

② We're almost there.

③ Your shoes look expensive.

④ Your shoelace is untied.

토다이는 ②를 골랐다고 한다(정답은 ④번이다). 대입 문제 치고 어려운 편은 아니지만 실수로 틀릴 수 있는 문제이기는 하다. 그런데 이상한 점이 있다. 4수생인 토다이는 미분, 적분 문제는 잘 풀었지만 앞서 제시한 초등학교 수준의 나눗셈은 풀지 못했다.

토다이를 가르친 선생님은 그 이유를 "토다이는 '차량', '공장'이라는 개념을 이해하지 못한다."라고 설명했다. '혹시 뛰어난 수학 능력은 가졌으나 언어능력이 현저히 떨어지는 것인가.'라고 생각해볼 수도 있겠지만 그것도 아니었다. 토다이는 17세기 해상무역에 대한 에세이에서 평균 이상의 점수를 받았다. 이렇게 상호모순된 성적의 이유는 한 가지다. 토다이는 인간 응시자가 아니라 A.I. 인공지능이기 때문이다.

일본 국립정보학연구소의 '토다이Todai 로봇 프로젝트'는 A.I.의 빠른 진보와 동시에 한계를 드러냈다. A.I.는 기계적 암기와 수식 처리에는 뛰어나지만, 인간이 경험으로 아는 문제와 추론에는 취약하다는 것이다. 연구진은 토다이가 위와 같은 수준의 영어 문제를 풀기 위해서는 1,500만 개의 대화를 학습해야 한다는 결론에 이르렀다. A.I.는 인간이 가진 패턴 인지와 창의적인 문제 해결 능력을 갖추지 못했다.

그러나 2013년 첫 시험에서 '인간이 쉽게 푸는 것을 왜 A.I.는 풀지 못할까.'라는 과제를 고심했던 연구진은 2016년 다른 질문을 던졌다. '인간은 A.I와 경쟁할 수 있을까?'라는 질문이었다. 일본의 3분의 1가량의 중학생들도 토다이가 틀린 문제를 맞추지 못했다. 기계적 암기에 능할 뿐, 이해와 해석 능력이 떨어지는 학생이 많아졌다는 결론이다.

◆ A.I.가 인간을 닮아가는 게 아니라, 인간을 A.I.처럼 교육시키는 현상이 교실에서 일어나고 있는 것은 아닐까?

◆ 이해와 해석, 추론의 능력을 잃어버린 인간은 A.I.와의 경쟁에서 어떤 장점을 가질 수 있을까?

◆ 2021년 일본 최고 명문대에 합격할 거라는 토다이의 학습 능력을 따라갈 수 있는 인간은 과연 존재할 것인가?

최근 학교에서 진로 수업을 들은 한 아이는 선생님의 말에 혼란스러웠다고 한다.

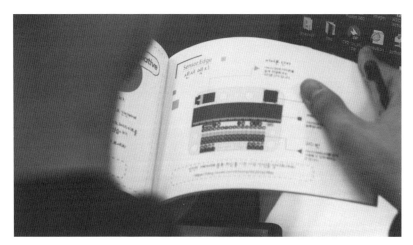
미래학교의 첫 코딩 수업에서 마이크로비트 매뉴얼을 보고 있는 학생

수많은 분야에서 A.I.가 인간의 일을 대체하는 추세로 보면 앞으로 수많은 직업이 사라질 가능성이 높다. 따라서 A.I.가 대체할 수 없는 전문직을 가져야만 한다. 그러기 위해서는 공부를 열심히 해서 반드시 좋은 대학에 가야만 한다.

여기에서 A.I.가 대체하는 4차 혁명 이야기를 길게 할 필요는 없을 듯하다. 학자마다, 각 나라의 산업구조와 산업 정책에 따라, 대체율은 얼마든지 달라지기 때문이다. 회계사나 의사 등의 전문직 비율도 다르다. 전문가와 기관에 따라 2030년이면 사라질 것으로 예상되는 직업은 적게는 50퍼센트에서 많게는 85퍼센트까지 편차가 있다. 기술 개발로 새로운 산업이 생겨날 것이라는 반론도 만만치 않다. 분명한 것은 지금과는 다른 방식으로 일하게 될 것이라는 것이다.

그 변화를 '코딩'이라는 과목을 추가하는 것으로 대비할 수 있을까? 많은 전문가들은 코딩 역시 '21세기 아이들을 20세기 방법으로 가르치는' 현재 학교의 올가미에 갇힐 우려가 있다고 말한다. 실제 EBS <미래학교>에도 코딩 수업이 있었지만, 교수법과 학습 목표에는 차이가 있었다. 이에 대해서는 뒤에서 자세히 다루겠다. 다만 컴퓨팅 사고력Computational Thinking, C.T.이 미래를 살아갈 모든 아이들에게 필요한 고등 사고력이라는 것은 미리 밝혀두고자 한다.

1초 동안 몇 억 번의 0과 1을 헤아리는 컴퓨터의 CPU를 대신할 수 있는 인간을 교육으로 만드는 것이 가능할까? 답은 이미 나와 있다. 한국의 직업 398개 중 84.7퍼센트는 인간보다 인공지능이 더 잘할 수 있다고 말이다. EBS <미래학교>는 미래의 교육이 단순한 학습에 관한 기술의 도입과 첨단화로 이뤄지는 것이 아니라는 점을 경고한다. 미래 인재를 위한 교육법, 학습법, 커리큘럼 변화가 반드시 필요한 이유다.

12명 디지털 네이티브를 미래 교육의 눈으로 분석해보니

미래학교 교사들을 울고 웃게 한 12명 디지털 네이티브에 대한 기본 자료가 있다. 미래학교 기간 동안 꼴찌가 1등이 되기도 하는 등 여러 변화가 있기는 했지만, 전체적으로 성적이 올라가며 미래학교 관계자들을 뿌듯하게 했다.

	성적	PISA 지수	메타인지 (자기주도학습)	약점
A	상	하	하	PISA 지수/메타인지
B	상	중	하	과목편중 PISA 지수/ 메타인지/
C	상	상	중	상대적 메타인지
D	중	상	중	상대적 메타인지
E	중	상	상	
F	중	상	중	과목편중
G	하	중	중	성적
H	하	중	중	성적
I	하	중	중	성적
J	하	하	중	성적/PISA 지수
K	하	하	하	성적/PISA 지수/메타인지
L	하	하	하	성적/PISA 지수/메타인지

해당 결과 중 일반 학교와 유독 차이가 나는 항목이 있어 눈길을 끈다. 바로 PISA 지수와 메타인지다. 해당 항목은 미래학교에서 과목별 학업성적보다 더 중요하게 다루었던 부분이다. 이를 통해 교사진과 제작진은 12명 아이들 각각에 맞는 학습 계획을 세울 수 있었으며, 미래 역량을 키울 수 있는 교수법을 고민해서 적용할 수 있었다.

먼저 PISA에 대해 알아보자. PISA는 국제학업성취도평가PISA: Programme of International Student Assessment의 약자로 경제협력개발기구OECD 회원국

학생들의 읽기, 수학, 과학 성취도를 점검하기 위해 3년마다 치러지는 평가의 일부분이다.* PISA 지수의 중요성에 대해 연구팀은 이렇게 설명한다.

PISA 지수는 향후 학업성취도와 연관됩니다. 우리나라 학생들이 만 15세에 보는 PISA 학업성취도는 높은 반면 학업흥미도와 자신감, 즉 PISA 지수는 최하위에 가깝죠. '행복지수'라고 부르지만 그냥 추상적인 개념이 아닙니다. 당장의 성취도와 달리 고등 사고력이 필요한 고학년이 되면 학업을 포기하는 아이들이 늘어나는 이유가 됩니다.

PISA 지수를 기준으로 하면 성적 최상위권 학생은 고학년으로 갈수록 학업 성취도가 낮을 수 있다는 우려가 있다. 서울대 연구진이 향후 발전 가능성이 높은 학생으로 꼽은 건, 중간 성적인 D와 E였다. D는 전 과목에 걸쳐 흥미와 자신감

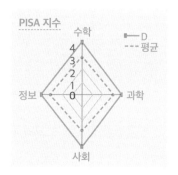

이 만점에 가까웠다. 어떤 수업이든 의욕이 넘쳤고 당장의 성적 차이도 금방 따라잡을 수 있다는 자신감을 보였다. 미래학교 초기부터 약점이 거의 없는 것으로 나타난 학생은 역시 성적이 중위권인 E였다. PISA 지수와 더불어 메타인지도 높은 것으로 나타났기 때문이다. 높은 PISA 지수와 메타인지가 미

★ 해당 평가는 아이들의 학업에 대한 흥미와 자신감을 측정할 수 있도록 구성되었으며, 서울대 연구팀은 EBS <미래학교>를 위해 일부 조정한 문항을 사용했다.

래학교에서 중요한 이유가 있다.

미래학교 제작진이 만난 영국 UCL의 로즈 러킨Rose Luckin 교수는 우리의 상상보다 더 근본적인 변화를 예언했다.

지금까지 사피엔스는 지구상에서 가장 높은 지능을 가진 존재였죠. 하지만 현재의 아이들이 살아갈 21세기에는 어떨까요? 앞으로 개발될 A.I.는 지능지수가 500에서 1000 정도에 이를 거라고 합니다. 미래의 학교에서, 그리고 더 나아가 미래의 일터에서 살아남기 위해서는 유연하게 적응하고 끊임없이 학습해야 합니다. 평생학습, 직업 재교육 같은 말이 나온 지는 이미 오래됐죠. 앞으로 학생들이 공부해야 하는 건 딱 하나가 될 거예요. '무엇이든 효율적으로 학습할 수 있는 능력'이 바로 그것이죠. 자신만의 학습법을 알고 비법을 가진 사람이 성공하는 시대입니다. 흔히 자기주도성이라고도 표현되는 메타인지죠.

스스로 일정 분량의 공부를 하고, 지시나 잔소리 없이도 알아서 공부하는 아이들을 학부모들은 '공부 습관이 잡혔다.' 혹은 '우리 아이는 자기주도성이 강하다.' 등으로 평가하지만 메타인지는 조금 다른 개념이다.

Metacognition 메타인지 =
Meta 한 단계 더 높은 + **Cognition** 아는 것 인지

메타인지는 아는 것과 모르는 것을 구분해낼 줄 아는 능력이다. 이를 통해 자기 공부를 스스로 돌아보고 평가해 자율적인 학습 계획을 세운다. A.I와 인간의 다른 점이다. 이번 실험에서의 문제는 비디오나 심층 면담 등을 통한 분석 결과, 메타인지가 높은 것으로 나타난 학생은 중위권 학생인 E 한 명뿐이었다는 것이다.

그렇다면 과연 당신의 아이는 12명의 아이 중 어떤 유형에 속할까? 그동안 내 아이를 단순하게 '공부 잘하는 아이 VS 공부 못하는 아이'로 양분해왔다면 이제는 미래의 학부모로서 새로운 관점에서 다시 관찰해보는 시도가 필요하다. 아이들의 성적과 PISA 지수, 메타인지는 서로 떼어낼 수 없을 정도로 밀접하다. 특히 이들 요소가 진학, 나아가서는 미래 역량을 예측할 수 있는 가장 중요한 요소라는 사실을 기억해야 한다.

부모는 모르는 내 아이의 미래 역량

성적 하위권과 상위권 누가 더 문제인가?

처음 12명 디지털 네이티브들의 프로필을 두고, 미래학교 선생님들의 고민이 시작됐다. 일부 학부모들의 생각과는 달리 현직 교사들은 성적 향상을 가장 쉬운 과제로 꼽았다. 미래에는 학급 규모가 20명 이내로 작아질 것이라는 예측이 지배적이었다.

소규모 학급에서는 아이들 한 명 한 명에게 관심을 줄 수 있어요. 진도를 늦추거나 심화학습을 할 수도 있고, 숙제를 내주거나 보충수업을 하는 등 성적을 올릴 방법은 여러 가지예요. 10점을 받던 아이를 지금 당장 100점을 받게 할 수는 없지만, 60점까지 끌어올리는 건 충분히 가능하죠. 집중적으로 한다면요.

수학은 문제를 푸는 방법을 연습시키면 돼요. 여러 번 연습하면 점수는 올라요. 개인교사 노릇을 하는 A.I. 프로그램도 많이 나와 있고요.

특히 성적 하위권인 학생들은 적절한 학습법만 배운다면 PISA 지수와 메타인식까지 높아질 것이라고 예상했다. 특히 수학의 경우 기초가 부족해서 흥미와 자신감을 잃게 된 아이들이 많았다. 앞 단원을 이해하지 못하니 당연히 다음 단원의 문제를 풀지 못하는 탓에 '나는 수학 포기'라는 악순환으로 이어지는 것이다.

교사들이 꼽은 하위 성적 학생 선순환의 원리는 다음과 같다.

맞춤지도를 통한 성적 올리기 》 학습 흥미와 자신감 동반 상승 》 학습 내용을 바탕으로 한 복습으로 메타인지 상승

성적 향상은 성공의 경험을 통해 선순환의 시동을 거는 것에서부터 시작

된다. 특히 교사들은 특정 과목에 강점을 보이는 하위권 아이들의 경우, 해당 강점을 지렛대 삼아 다른 과목의 성적도 올릴 수 있다고 자신했다.

반대로 교사들이 가장 어렵게 여긴 과제는 성적 상위자들이었다. 학교에서 항상 칭찬만 받아온 성실한 A의 경우를 살펴보자. A는 성적은 전 과목 상위권이지만 PISA 지수와 메타인지는 최하위권이었다. A의 부모는 아이가 공부에 대해 어떤 고민을 가지고 있는지 전혀 모르고 있었다. 자기주도적이고 성실히 공부를 잘하는 아이라고만 생각해왔던 것이다.

일단 본인이 시간을 잘 조절해요. 요즘 애 같지 않죠. SNS도 전혀 하지 않고 학교가 끝나면 곧장 학원에 가거나 집에 와서 계획을 세워 공부를 하거든요. 숙제는 당연히 다 해 가고요. 저는 공부를 다 했는지 체크만 한 번 하면 돼요.

전 과목 성적이 잘 나오게 하는 방법도 알고 있었다.

국어는 학교 프린트물을 달달 외우게 해요. 아이가 알아서 잘하는 편이기 때문에 평소 수업 시간에 토씨 하나 빠뜨리지 말고 교과서나 프린트에 필기해 오라고 조언합니다. 그걸 점검하고, 필기가 적으면 지적하는 게 제 역할이고요. 영어는 시험 범위의 지문은 거의 외우게 해요. 내신 대비를 해주는 학원을 보내기도 하고, 고난도 독해 문제집을 구해서 풀리기도 하죠. 사실 영어의 경우 100점을 맞으려면 부교재까지 달달 외워야 해요. 수학은 시험 범위 안에서 교과서를 계산 실수 없이 푸는 연습을 시키죠. 문제집은 적어도 세 권 이상 풀어야 돼요. 암기 과목은 계획을 세워서 조금씩 나눠서 외우게 하죠. 최소 2주 전부터 준비해야지 막상 닥쳐서 하려면 기대만큼 성적이 안 나옵니다.

여기서 반복해서 등장하는 문구가 있다. 바로 '외우게 한다'와 '풀게 한다'이다. 부모가 생각하는 '자기주도학습'은 성적을 잘 받을 수 있도록 '암기'를 잘하는 꾸준함 — 많은 엄마들이 '엉덩이 힘'이라고 표현하는 — 이었다. 그 단계에서 공부 좀 하라는 잔소리 없이도 '암기'를 모두 해내는 아이를 부모는 소위 '공부를 알아서 하는 아이', '공부를 잘하는 아이'라고 표현했다.

사실 A의 공부 방식은 '학원 진도 따라가기'에 지나지 않았다. 학원 숙제가 많은 시간을 차지하고 있는 것이다. 진도는 무척 빠른 편이다. 중학교 과정을 대부분 선행으로 끝냈다. 하지만 효과적인 자기주도와 관련된 메타인지는 A처럼 정해진 분량과 시간을 채우는 것과는 다르다. 그 차이는 시험 시간에 극단적으로 드러났다.

A는 시험 문제를 풀며 '헷갈린다'는 혼잣말을 계속하며 답안 작성을 주저하는 모습을 보였다. 시험이 끝나기 직전 자포자기하는 표정으로 '몰라 찍어, 찍어.'라는 말을 반복하면서 급하게 답을 썼다.

"아는 것 같긴 한데, 헷갈렸어요." 아이는 전 과목에 걸쳐 평균 이하의 자신감을 기록했다. 시험이 끝난 후, 아이는 '망했다'며 머리를 감싸 쥐었다. 공부가 더 싫어진다는 고백이 이어졌다. 학업성취도가 미래 역량과는 연결이 되지 않는 것이다. 오히려 어려운 문제가 나올 때마다 점점 PISA 지수, 메타인지는 낮아질 위험까지 있었다.

공부 안 하는 성적 우수자

특정 과목에서 PISA 지수 최하위를 기록한 B와의 대화는 선생님을 놀라게 했다. 아이는 수업 참여도 낮은 편이었는데, 특히 주관식 문제는 시도조차 하지 않고 포기하는 경우가 많았다.

> 객관식은 만점이거든요. 반면 주관식 문제에는 아예 답이 없었습니다. 해당 문제는 '일상생활에서의 사례를 통해 수요법칙을 서술하라.'는 거였는데 B 말고는 0점 처리된 아이가 없어요. 처음엔 성의가 없는 줄 알았어요. 그런데 아이가 너무 진지한 거예요. 평소에 뭘 사본 적이 없어서 일상생활의 사례를 모른다고 대답하는 거죠. 정말로 뭐라고 써야 할지 몰랐다는 거예요.

B는 뛰어난 암기력으로 객관식 문제에는 능했지만 응용으로는 나아가지 못했다. 특히 과목별 편차가 심한 편이어서, 수학과 전산을 제외하고는 거의 흥미를 보이지 않았다. 부모 역시 아이에 대해 걱정하고 있었다.

> 선생님과 상담을 했는데 아이에 대해서 부정적으로 평가하시더군요. 수업에 관심이 없는 거 같다고 하셨습니다. '딴짓을 하며 수업 분위기를 흐리거나 지시 사항을 못 알아들을 때도 많다.'고 하시는 거예요. 그런데 수업에 참여하지 않아도 성적은 잘 나오니까 더 이상 잔소리를 못하시는 거죠.

중학교에 들어가서는 공부를 하는 시간도 점점 줄어든다고 했다. 다른 학부모에겐 행여 배부른 투정으로 들릴까 싶어 할 수 없었던 하소연이었다. 학년이 올라갈수록 머리는 좋은데, 노력을 하지 않아 입시에 실패할까 걱정하고 있었다. 실제 부모가 아이에게는 숨기고 있지만 유년 시절 I.Q. 검사에서도 높은 수치가 나왔다고 했다. B의 경우 높은 지능지수가 오히려 학습 의욕을 떨어뜨리고 있었다.

저는 벌써 이해했는데 계속 반복해요. 그래도 참고 기다려요. 조금씩 딴생각을 하면서요. 저와는 달리 다른 아이들에게는 필요한 부분일 수도 있잖아요. 제 나름대로는 그게 협동이에요. 공부가 쉽냐고 물어보면 그건 아니에요. 외워야 하는 거, 영어와 사회 등의 과목이 아주 쉽다고 생각하지 않아요. 공부를 하긴 해야 하니까요. 그런데 조금만 공부하면 성적은 나오니까 크게 신경 안 쓰는 거죠.

아이의 메타인지는 매우 낮았다. 메타인지를 성장시킬 만큼 도전적인 과제나 평가가 없었던 것이 원인으로 보였다. '적당한 성적이 나올 만큼만 공부하는 습관'은 아이의 잠재력을 오히려 가둬놓고 있었다. 시험지 속의 문제가 아닌 실생활의 문제들에 있어서 아이는 어떤 역량을 보여줄 수 있을까? 교사들의 고민은 이렇게 12명, 한 명 한 명에 맞춰 진행됐다.

메타인지가 높은 아이

성적은 중위권이지만 메타인지에서 12명 중 유일하게 높은 점수를 기록한 E에게는 특별한 점이 있다. E가 시험 중 보여준 반응은 흥미로웠다. '내가 이

단순문답 및 서술형 시험을 보고 있는 미래학교 학생들

걸 이렇게 못했나?'라는 말을 반복하며 시간이 끝나기 직전까지 시험지에서
눈을 떼지 않았다.

> 남는 시간에 '내가 이걸 왜 모를까.'라는 고민이 되더라고요. 정확히 안 외워서
> 단어의 정의를 묻는 문제를 풀지 못한 건 괜찮아요. 그건 다시 교과서를 보면
> 알 수 있으니까요. 제가 암기를 잘하는 편이 아니라서 조금씩 나눠서 해야겠
> 지만 그래도 해결책은 분명해요. 반면 몇몇 문제는 수업 중에 이해를 제대로
> 못했기 때문이라는 결론에 도달했습니다. 이건 저 혼자 해결할 수 없는 부분
> 이에요. 선생님께 물어보고 답을 찾는 과정이 필요합니다.

성적에 따라 PISA 지수 즉 자신감과 흥미가 요동치지도 않았다.

저는 시험 결과가 나쁘더라도 그냥 받아들입니다. 그리고 이에 대한 보완책을 찾죠. 공부 시간을 늘리거나 장소를 바꿔보는 식이죠. 그 모든 과정이 제게 맞는 공부 방법을 찾는 여정인 셈입니다.

E처럼 자신이 아는 것과 모르는 것을 구별해내고, 그에 맞춰 학습 전략을 짜는 것은 메타인지와 관련이 있다. 아이들은 이 과정을 통해 자신만의 학습 계획을 주도적으로 세우게 된다. 미래 역량 중 가장 중요한 요소로 꼽히는 이유다.

그렇다면 부모가 아이의 메타인지를 확인할 수 있는 방법은 무엇일까? 학생들에게 오늘의 학교생활을 되새겨보고, 이를 토대로 내일의 학습 계획을 세우라는 과제를 내보자. 당신이라면 자녀가 어떤 학습 계획표를 작성했기를 바라는가?

①	arrive early. 학교에 일찍 도착해야 한다.
②	It was a great day. 멋진 하루였다. I was used to the technology involved. 기기들을 사용하는 데 익숙해졌다. Go back home and do recap! 집에 가서 복습해야지!
③	Today was different, but a bit too much sitting down. But I do plan to restrict myself from using any electronics for gaming as soon as the class ends, to keep myself productive, and so that I can learn more. 오늘 수업은 예전과는 조금 달랐지만 앉아 있는 시간이 너무 많았다. 나의 계획은 수업이 끝나자마자 시작하는 게임을 자제하는 것이다. 그렇게 된다면 더욱 생산적이고 많은 것을 배울 수 있을 것이다.

아마도 많은 학부모들은 ②를 골랐을 것이다. 학습에 대한 긍정적인 감정 드러나 있는데다가, 학습 내용을 돌아보고 복습까지 계획하고 있지 않은가?

하지만 의외로 가장 높은 메타인지(자기주도성)를 가진 것으로 분석된 것은 ③이었다. ②는 구체적인 계획이 없다. '복습'이라는 것이 어떤 것인지, 또 어떻게 실행할 것인지와 같은 '실체'가 모호하다. 반면 ③은 어떤 목적(학습)을 위해 왜why, 어떻게how 실행할지가 비교적 명확하게 나타나 있다. ③은 오늘 수업에서 학습을 제대로 못한 이유가 게임 때문이라는 것을 인지한 후 반성하는 모습을 보였다. 이후 공부를 위해 게임 자제라는 '실체'를 제시했다. 이 계획이 실행으로 이어진다면, 미래 역량인 메타인지가 높고 자기주도적인 학습을 할 수 있는 아이로 분류할 수 있는 것이다. 비록 학교에서 게임을 했다는 사실 때문에 부모로서는 언짢을 수도 있지만 말이다.

당신 아이의 학업흥미도와 자신감, 메타인지 정도를 파악했다면 이제 본격적으로 미래학교의 준비 과정을 따라가보자. 한 가지 주의할 점은 미래학교를 이해하려면 현재의 성적 걱정은 잠시 미루어둬야 한다는 것이다. 무엇보다 미래에 필요한 역량이 현재 아이가 가지고 있는 지식과는 다를 것임을 인정하는 것이 필요하다.

미래에 내 아이가 학교에서 또래들과 함께 배워야 할 것은 무엇일까? 현재의 성적 우수자가 미래 역량엔 더 취약할 수 있다는 것도 인지해야 한다. 그것이 곧 메타인지와 함께 중요한 미래 역량으로 꼽히는 3C 즉, 창의성Creativity, 협력Collaboration, 의사소통Communication을 이해하는 방법이기도 하다.

(미래역량) **3C = Creativity** 창의성 **+**
Collaboration 협력 **+ Communication** 의사소통

미래, 내 아이가
학교에 가는 이유?

4개국 아이들이 EBS의 미래학교에 지원한 동기는 비교적 단순했다. "지금 다니는 학교보다는 재밌지 않을까요?", "여러 나라 친구들이랑 함께 수업한다는 건 쉽게 할 수 없는 경험이잖아요.", "미래면 컴퓨터도 많이 배우고, 로봇, 신기술 이런 것들을 배우는 거 아닌가요?"

미래학교 지원자들을 면담하면서 바로잡아야 하는 오해는 많았다. 미래학교를 '효율적으로 공부시키는 소규모 교육' 혹은 '경쟁을 통한 동기부여'라고 짐작하는 학부모들의 생각이었다. "외국 아이들과 경쟁하기 때문에 학원에 다니는 것보다 훨씬 효과적일 것 같아요.", "일단 4개국이면 수업이 영어로 진행되는 거죠? 그럼 아이가 알아서 영어 공부를 열심히 할 것 같아요."

일부는 미래학교를 다니면 '학교 성적이 획기적으로 올라가지 않겠느냐.'라는 기대를 내비치기도 했다. 실제로 '미래학교에서는 창의성, 협력, 소통, 자기주도성 등의 미래 역량을 교육 목표로 삼는다.'는 것을 밝히자 공부 리듬이 깨진다는 이유로 지원을 철회한 경우도 있었다.

그중 한 학부모의 말을 들어보자.

지금도 학기 중에는 모둠활동에 과제가 많아 정작 공부를 할 시간이 없어요. 다양한 학생들의 의견을 듣는다는 게 흥미롭지만 그게 공부는 아니잖아요. 그것만으로는 시험조차 볼 수 없거든요 교과서와 활동지를 복습하고 문제집도 풀어야 해요 무엇보다 어떤 기준으로 미래 역량을 평가한다는 건지 모르겠네요.

대한민국 상류층의 명문 의대 입학을 위한 교육열을 생생하게 그려내 화제가 된 드라마가 있다. 과열된 교육 환경을 비판적으로 그려냈는데 이후 이른바 유행한 게 있었다. 바로 등장인물의 이름을 딴 옷장 크기의 책상이다. '집중력 책상' 혹은 '스터디 큐브'라고 불리기도 하는 이 책상이 인기를 끌면서 가격이 몇 백만 원까지 치솟았지만 주문이 밀려들었다고 한다.

당시 미래학교 제작진에겐 숨 한 번 크게 들이쉬면 산소 부족에 시달릴 것 같은 무음의 작은 방은 낯선 풍경이 아니었다. 경기도의 한 신도시에서 만난 중학교 2학년 학생은 주말이 두렵다고 했다. 아버지와 '그 작은 방'에서 대면해야 하기 때문이다. 그 작은 방은 창고처럼 쓰는 방의 한 구석을 개조해 만든 방음 방이다. 원래는 아버지와 아들이 전기기타를 마음껏 치기 위해 만든 방이었다고 했다. 하지만 아이가 중2가 되자 용도가 달라졌다.

초등학교 때까지 가족여행을 다녔어요. 주로 전국에 있는 특목고, 외고 등이 목적지였습니다. 아들에게 동기부여를 하고 싶었죠 '열심히 공부해서 꼭 이 학교에 오자.' 서로 결의를 다지기도 했고요 그때까지만 해도 아이 성적이 안

좋을 줄은 몰랐죠. 그래서 평일 내내 늦은 시간까지 학원을 보내고 주말에는 그동안 배운 걸 그 방에서 복습시킨 거죠.

아버지가 생각하는 아들 장래의 최상의 시나리오는 바로 의대에 합격해 자신의 개인 병원을 물려받는 것이었다. 때문에 아버지는 미술을 하고 싶다는 아이의 말을 철저히 무시하고 있었다. 아이는 결국 미래학교 지원을 철회했다.

성공적인 입시를 위해 현재의 학교라는 궤도에서 이탈하고 싶지 않다는 관성은 생각보다 훨씬 강했다. 학부모와 아이의 학창 시절 사이에는 약 30년의 세월이 존재한다. 학부모가 다닌 학교와 현재의 학교는 분명 달라졌다. 학급당 학생 수는 줄어들었고, 새로운 과목이 생기기도 했다. 그런데 부모들이 생각하는 '학교'와 '공부'는 달라지지 않았다. 비단 우리나라만의 일은 아니다.

싱가포르의 한 신청자 부모는 자녀의 우수한 성적에 자부심을 가지고 있었다. 해외출장이 잦은 아버지와 유아 교육자인 어머니는 아이를 집에 혼자 둔 적이 많다고 했다. 빈 집에서 혼자 집중해서 공부를 하기 때문에 귀가 후 진도만 확인했다고 한다.

싱가포르는 교육열이 높기로 유명하죠. 대학 입시 경쟁도 치열해요. 중학교 입시부터 이미 대학 진학자가 갈린다고 봐도 돼요. 우리 아이가 성공적인 삶을 살려면 경쟁에서 이겨야 하죠. 그 첫 단추가 바로 공부예요.

아이는 제작진과 함께 있다가도 정해진 시간이 되면 책상에 앉았다. 그리고 눈길 한 번 돌리지 않고 문제집에 집중했다. 30분 후 조용한 집 안에서 유난히 큰 알람을 울리던 시계가 멈추고 나서야 아이는 연필을 놓았다. 아이에게 공부란 시험 준비, 그 이상도 이하도 아니었다.

공부를 목적 없이 할 필요는 없잖아요. 엄마랑 '왜 공부를 해야 하는가.'에 대해 얘기한 끝에 시험과 똑같은 상황을 만들기로 했어요. 시험에서는 주어진 시간 안에 이 정도의 문항을 풀어야 하니까요.

반면 한국이라는 낯선 나라로 아이를 보내야 하는 외국 지원자 학부모들의 고민은 달랐다.

다양한 문화를 접한다는 건 정말 좋은 경험이지만, 한국도 그렇고 싱가포르도 치열한 경쟁 사회 아닌가요? 혹시 EBS의 미래학교도 마찬가지가 아닐까 걱정됩니다. 사실 우리 아이는 현재 학교의 커리큘럼에 만족하고 있어요. 그런데 혹시 지나친 경쟁을 당연시하는 아이들과 함께하는 과정에서 스트레스를 받지 않을까 우려됩니다.

미래학교에 대한 학부모(특히 한국)들의 기대는 주로 세 가지였다.

1. 첨단 기술을 이용한 효율적인 방법으로 기존 과목을 가르칠 것이다.
2. 새로운 과목, 예컨대 '코딩'이 포함된 커리큘럼으로 우리 아이들이 미래에 필요한 기술을 한 발 앞서 익히게 될 것이다.
3. 세계의 아이들과 비교·경쟁하면서 학습 동기가 높아질 것이다.

이런 학부모들의 기대에는 학교에 대한 관성이 담겨 있었다. 일정 공간에서 어떤 지식을 배우고 '객관적 평가'에 따라 아이는 또래집단에서 자리매김하고, 상급 학교로의 진학과 나아가 성인이 된 후의 미래가 결정된다는 것이다. 하지만 EBS <미래학교>는 전혀 다른 역량을 조준해야 했다.

1. 효율적인 학습법은 단순한 지식의 암기가 아니라, 스스로 자신의 공부를 들여다보고 계획을 세울 수 있도록 자기주도적이어야 한다. 따라서 메타인지의 성숙이 필요하다.
2. 미래에 필요한 기술은 '코딩'이 아니라 더 풍요로운 삶을 위해 A.I.를 활용하는 사고체계와 창의성(Creativity)이다.
3. 미래에 필요한 것은 비교와 경쟁보다는 오히려 협력(Collaboration)과 그것을 가능하게 하는 소통 능력(Communication)이다.

이런 학습 목표를 EBS <미래학교>는 어떻게 구현해냈을까? 지금부터 그 결과를 직접 확인해보자.

2 학교 종이 울리다

미래학교 청사진을
그리다

미래학교는 노르웨이, 대한민국, 싱가포르, 인도 4개국 12명 학생들의 학사
일정에 맞춰 2주간 진행됐다. 여기서 '미래'의 시점은 지원자들이 사회에 진
출할 시기인 2030년으로 정해졌다. OECD의 예측 시나리오와 WISE World
Innovation Summit for Education 재단이 실시한 설문의 결과가 토대가 됐다.

이 보고서들을 면밀히 검토한 끝에 EBS <미래학교>에서 충족시킬 수 있
었던 요소는 다음과 같았다.

◆ 학습 과학이 체계적으로 적용된다. 교수 연구법이 개발된다.
◆ 새로운 방식의 학습 미디어와 함께 ICT의 활용이 늘어난다.

미래학교 개교 준비에 앞서 제작진은 국내의 한 여자중학교를 방문했다.
2015년부터 '미래학교 연구학교'로 지정된 학교다. "기존 교실에 익숙하시다
면 어수선해 보일 수 있다."는 말을 듣고 들어간 교실에서 가장 먼저 눈에 띈
것은 책상 배열이었다. 칠판과 교단을 향해 일자로 놓인 책상이 아니라 모둠
활동이 쉽도록 조원들끼리 마주 보는 구조였다. 아이들은 자연스럽게 의견
을 나누며 협동 작업을 하고 있었다.

일반 수업뿐 아니라, 학생들이 모여 자율적인 활동을 할 수 있도록 한 특
별실도 있었다. 미래학교는 경기도 주민들을 위해 만들어진 문화센터의 한

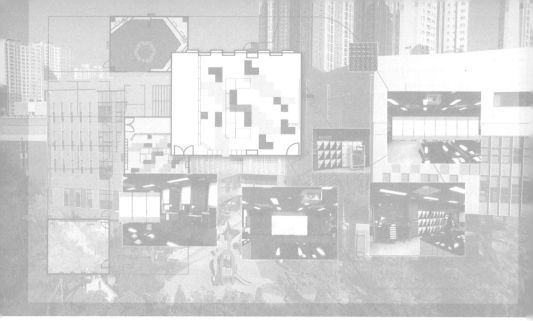

미래학교의 공간 디자인

층을 이용했다. 학생들의 수업과 조별 프로젝트가 물 흐르듯 진행될 수 있는 공간으로 만들어졌다. 이 학교의 주요 시설은 원형 테이블로 이뤄진 '참여의 공간', 목공 실습용 도구와 3D 프린터가 갖춰진 '공방' 등 일반 학교와는 다르게 구성되어 있었다. 그 학교를 방문하고 나니 EBS 미래학교의 외형에 대한 청사진을 그릴 수 있었다.

특히, 참가한 4개국 모두 첨단 디지털 기기를 활용해 미래학교를 일정 부분 구현하고 있다는 점도 흥미로웠다. 노르웨이의 중학교에서는 학교장 재량에 따라 학생들에게 태블릿을 제공하는 경우가 많다. 학생들은 자료 검색이나 조별 발표, 촬영 및 기록 등 다양하게 태블릿을 활용하고 있었다. 첨단기기를 사용하는 학교 방침에 따라 어떤 과목 교사이든 IT 자격증이 있어야 한다는 점도 놀라웠다.

태블릿이 가장 광범위하게 사용되는 곳은 의외로 초등학교였다. 오슬로의 한 초등학교의 1학년 커리큘럼에서는 태블릿을 이용한 읽기 및 쓰기 교육이 이뤄지고 있었다. 아이들의 읽기 교육을 위한 A.I.까지 개발됐다. 해당 A.I.는 아이들이 글자를 쓰면 소프트웨어가 정확한 발음으로 읽어준다.

반대로 글자를 제시하고 아이가 제대로 읽는지 음성을 녹음해 반복 재생해주기도 한다. 로봇의 모습을 하고 있진 않지만, 이른바 'A.I. 교사'인 셈이다. 태블릿에 내장된 A.I. 교사는 아이들이 자신의 모국어를 읽고 쓰는 데 걸리는 시간을 두세 달로 단축시켰다. 참고로 90퍼센트 정도의 입학생이 한글을 떼고 초등학교에 들어가는 한국과는 달리 노르웨이는 선행학습이 없다고 한다.

특히 2019년은 노르웨이의 학교 디지털 10주기를 맞이한 해였다. 교육부는 그동안 시범학교Pilot School에서만 운영되던 코딩과 디지털 교육을 정식 커리큘럼에 넣을 계획이라고 밝혔다. 첨단 기술이 조금씩 교실 풍경을 바꾸고 있음을 확인하는 장면이었다.

싱가포르에서는 첨단 기기가 교수법까지 바꾸었다. 싱가포르는 국제학업성취도평가에서 항상 최상위권을 차지하는 것으로 유명하다. 하지만 막상 싱가포르 학생들에게 중요한 시험은 따로 있었다. 우연히도 같은 P자로 시작해서 초등학교 졸업을 앞둔 아이 앞에서 이 얘기를 꺼내면 질색할지도 모른다.

바로 초등학교 졸업시험, 즉 'PSLEPrimary School Leaving Examination'이다. 해당 시험에서 일정 점수를 받지 못하면 유급이다. 또한 합격만 한다고 끝

태블릿을 이용해 '읽기를 위한 쓰기' 교육을 하고 있는 노르웨이 용 스쿨Jong School의 초등교실.
이 학교는 유아교육 단계부터 태블릿을 활용한다.

이 아니다. 졸업시험 성적에 따라 속성 과정과 보통 과정으로 나뉘는데, 이
는 대학 진학으로까지 연결된다고 한다. 몇 년 전 초등학교 졸업시험을 앞둔
학생을 취재한 적이 있었는데, 싱가포르의 교육열을 생생히 느낄 수 있었다.
싱가포르 학생들에게 입시는 만 11세에 시작되는 전쟁과 마찬가지였다. 다
행히 몇 년 전부터 저학년들의 시험은 없어진 덕분에 아이들이 어느 정도 숨
을 돌릴 수 있게 됐다. 싱가포르 제작팀은 2019년을 기준으로 교육부가 변화
를 꾀하고 있다고 전했다.

정말 치열한 경쟁이었죠. 학부모들 사이에서도 원성이 높았고요. 아이들은 시험
에 단련되고 순위가 매겨지는 등급 서열화에 익숙해져 있었어요. 그런데 앞으

싱가포르 핑이ping yi 중학교의 과학 수업

로 초등학교 시험이 없어진다는 결정이 발표됐죠 특히 2019년부터는 성적표 'HDP The Holistic Development Profile'에서 석차나 반평균 등도 사라지게 됐습니다.

한국에서는 싱가포르가 교육 강국이 된 원천을 '끊임없는 시험'이라고 진단한다. 제작진 역시 싱가포르의 높은 사교육열을 목격했기에 교실 역시 경직된 입시 교육, 기계적 암기 등을 강조할 것이라 지레 짐작하기도 했다. 하지만 제작진이 참관한 수업은 달랐다.

커다란 전자칠판에 선생님이 준비한 웹 사이트가 소개됐다. 이번 수업의 주제는 '하천 생물'. 선생님의 간단한 설명 후, 학생들을 2인 1조로 팀을 구성했다. 그날 배울 내용 중 핵심 내용에 대한 간단한 보고서를 작성하라는 지시가 내려지자 학생들은 검색을 통해 질문마다 열 줄 이상의 미니 리포트를 작성한다. 선생님이 해당 보고서를 검토하면서 학생들과 '함께' 오류를 수정하는 형식으로 수업이 진행됐다.

우리에겐 '거꾸로 교실'로 알려진 Flipped classroom(learning)의 모습과 비슷했다. 2004년에 이미 '적게 가르치고 많이 배우게 한다.Teach Less, Learn more'라는 혁신 슬로건이 진행되었다고 한다. 교육 담당자들은 PISA에서 싱가포르가 상위를 독식하는 이유를 이미 10년 넘게 진행된 수업에서 찾고 있었다.

PISA는 만 15세의 청소년, 그러니까 중학교를 마친 학생들이 스스로 학습 계획을 세우고 실천할 수 있는 소양이 있는지를 평가하는 것입니다. 기존의 학업성취도와는 다릅니다. 싱가포르는 10년 동안 학생들이 언제든지 의견을 나누고 자료를 찾을 수 있는 디지털 포럼 노하우가 축적돼왔습니다. 초등학교부터 고등학교까지, 전 과목의 모든 자료가 제공됩니다. 우리는 이 디지털 자료가 학생들의 학습 소양을 국제적으로 자리매김시켰다고 평가하고 있습니다.

인도 전역에서는 5,411개에 이르는 '팅커링 랩Tinkering Lab'이 운영 중이다. 아이들이 등교 전이나 방과 후는 물론 쉬는 시간에도 찾아와 자신만의 프로젝트를 만들 수 있도록 지원하는 곳이다.

다른 듯 비슷한 4개국의 학교를 바탕으로 미래학교의 본격적인 디자인이 시작됐다. 미래학교에서 벤치마킹하고 싶은 교수법을 선택하고 관련 교사들을 초청했다. 싱가포르의 '거꾸로 교실', 인도의 '팅커링 랩'과 유사한 작업 공간을 마련하고, 노르웨이의 글자 익히기 A.I. 보조교사에서 착안한 새로운 A.I. 프로그램을 찾는 작업도 이어졌다.

미래학교의 교사가 된다는 것

4개국의 제작진과 국내 연구진들의 논의를 거쳐 교과목은 STEAM을 기본 얼개로 했다. 과학Science, 기술Technology, 공학Engineering, 수학Mathematics 등 4개 분야에 중점을 두는 교육이다. 미국과 영국에서는 과학기술 분야의 우수 인재를 확보하기 위해 STEM 교육이라고 부르는데, 우리나라에서는 여기에 인문, 예술 요소를 덧붙였다. 물론 STEAM이 우리에게 익숙한 것은 아니다. 이에 미래학교가 진행되면서 교사들이 자신들에게 익숙한 교습법을 내려놓고 많은 변화를 시도했다는 점을 미리 밝혀둔다.

그렇게 수학, 과학, 정보코딩, 사회, 예술 등 각 분야별 전문 교사가 미래학교 프로젝트에 참가했다. 노르웨이, 싱가포르, 인도의 교사들은 이메일을 통해 의견을 전해 왔다. 4개국 선생님들이 각자의 교육 환경에서 미래학교에

미래학교 교사진이 모여 커리큘럼을 논의하고 있다.

맞는 커리큘럼을 의논하는 형식이었다.

교사진에게는 여러 도전 과제가 있었지만 당장의 막막함은 '어떤 단원을 가르쳐야 하는가.'였다. 지원자들의 나라별, 학교별 진도를 살펴보니 '벌써 몇 년 전에 학교에서 배운 것', '들어보지도 못한 것', '난이도가 다른 것' 등 다 달랐다. 그 외에도 낯선 기기와 학사관리 프로그램의 사용법을 익혀야 하는 고충도 있었다.

고려해야 할 문제는 또 있었다. 4개국 아이들이 모였기 때문에 수업은 영어로 진행하기로 결정했다. 교과서도 모두 영어로 제작했다. 이중 언어를 선택하고 있는 싱가포르, 영어로 진행되는 수업을 듣는다는 인도, 영어 회화와 작문에 자신 있다는 노르웨이 학생들은 문제가 없었다.

문제는 우리나라였다. 여섯 명의 한국 학생들 중 한 명은 초등학교 시절 국제학교를 다녔고, 두 명은 영어로 진행되는 수업을 몇 차례 들은 경험이 있었다. 반면 나머지 세 명은 자신의 영어를 '학교 영어'라고 평가했다. 말하기는 서툴렀지만 큰 목소리로 또박또박 의견을 발표했으며, 적극적인 성격이었다. 실제로 미래학교 2주의 기간 동안 아이들은 각자만의 방법으로 영어 수업과 과제를 해냈다.

수많은 어려움에도 불구하고 아이들이 EBS <미래학교>에 참여한 것은 현장에서 느낀 갈증 때문이었다. 미래 역량으로 꼽히는 PISA 지수, 메타인지, 3C 에는 4개국 교사들 간 이견이 없었다. 하지만 정작 학교 현장에서 중요시되는 것은 일방적인 수업과 틀에 박힌 평가였다. 잠시 한자리에 모인 현직 교사들의 이야기를 들어보자.

학생들은 참 많이 변했는데 학교는 그대로입니다. 지금도 옆 자리의 친구와 자신의 학습 목표가 같아요. 그걸로 평가를 받으니까요. 저도 같은 수업을 반복할 수밖에 없어요. 다른 학급과 배운 내용이 다르면 그게 공정하지 않다고 생각하니까요

'학생 중심의 교육' 이런 말들은 그동안 많이 있었는데요. 딱히 현장에서는 구현되지 못하는 현실입니다. 학생들이 중심이 돼서 각자의 재능이라든지, 자신의 관심사라든지, 동기라든지, 이런 것들이 수업에서 발현되는 것이 참 어려워요.'

'선생님, 저 선생님 수업을 들어서 좋은 대학에 갔어요.'라는 말을 들으면 기분이 좋기는 해요. 그런데 사실 세상은 바뀌고 있고 공부를 잘하는 아이가 좋은 대학에 갔다고 해도 '과연 빠르게 바뀌는 이 세상에 얼마나 잘 적응해서 행복하게 살 수 있을까.'라는 걱정이 많이 되거든요.

미래학교의 시간표
— 과목 너머 그 무엇

각 과목 선생님들은 미래 역량 중 한 가지씩을 선택해 집중하기로 했다. 미래학교 커리큘럼이 STEAM 즉, 과학·기술·공학·수학·인문·예술을 위주로 구성됐다는 것은 이미 앞에서 밝혔다. 하지만 STEAM은 각 과목이 분리돼 강조되는 것이 아니다. 각 과목이 유기적으로 연결되고 개개인의 실생활과 이어질 때 가장 효과적이다. 과학창의재단은 STEAM 교육을 이렇게 정의하고 있다.

STEAM은 수학·과학 과목의 이론과 개념뿐만 아니라 '실생활과의 연계성'을 강조합니다. 교과서에 정립된 학문 개념을 일방적으로 받아들이는 것이 아니라 학생 본인과의 관련성relevance을 깨닫는 것이 우선입니다. 학습 내용이 사회 어느 분야에서 쓰이는지 그리고 왜 배워야 하는지를 체험한 다음, 스스로 설계하고 탐구하며 실험하는 과정을 통해 실생활에서 문제 해결력을 키우는 데 초점을 맞춥니다.

EBS <미래학교>는 '지식 전달-실생활과의 연계성-자발적 설계·탐구 과정'을 모두 아우르는 커리큘럼이 필요하다는 결론에 도달했다. 이에 수학 과목을 중심으로 '수학+사회', '수학+과학', '수학+정보' 등 다양한 과목의 컬래버레이션을 통해 2주라는 짧은 기간 내에 소화 가능한 커리큘럼을 연구·개발했다.

수학의 지수법칙을 통해 사회의 수요공급 곡선을 파악하는 법을 배우고 확률을 통해 유전법칙을 이해하며 정보 시간에 배운 무한루프의 개념을 수학에서 되짚는 등 예습, 복습, 적용이 유기적으로 이뤄지도록 한 것이다.

단, 과학기술에 대한 흥미와 이해를 높이는 데 목적을 두는 커리큘럼이지만 기본 이해도가 떨어지는 경우 융합 수업에 전체에 대한 참여도가 낮아질 우려가 있었다. 때문에 정확한 이해 수준을 파악해 맞춤수업도 진행해야 했다. 특히 수학에 대한 이해도는 모든 과목의 진행에 필수적이었다. 오랜 논의 끝에 각 과목의 학습 목표와 첨단 기술 적용의 선을 정할 수 있었다.

◆ 수학: 지수법칙(칸 아카데미 등을 이용한 맞춤수업), 확률 - 그래프와 자료를 수학적으로 이해하는 방법
◆ 사회: 수요·공급의 이해(지수법칙을 이용한 그래프 이해), 디지털 리터러시(현장 수업과 보고서 작성에 IT 기술 이용해 협력 지수를 높인다)
◆ 과학: 유전의 법칙(수학 지식의 활용과 팀 수업을 통한 협력 및 소통력)
◆ 정보: 창의성 발달을 위한 코딩 수업

미래학교에서 사라진 것들
─ 인터넷 제한과 종이 교과서

미래학교의 개교 첫날, 아이들은 교실 문 앞에서 잠시 당황한 듯 주춤거렸다. 중학교 1~3학년 학생들은 다시 신입생처럼 낯선 환경에 놓였다. 노르웨이, 싱가포르, 인도에서 온 학생들은 물론이고 한국 학생들도 마찬가지였다.

한국은 한 학교에서 두 명 이상이 지원할 경우 먼저 지원한 사람을 선발했다. 또한 서로 한 반이었던 적이 있거나 친분이 있는 경우는 배제했다. 외국의 경우도 마찬가지였다. 싱가포르와 노르웨이는 지원자들이 한 학교에 다니지만, 각각 중1과 중3으로 학년 차이가 있었고, 인도는 뉴델리에서 한 명, 마하수트라에서 한 명을 선발했다. 그날 12명의 아이들은 새로운 학교로의 입학 혹은 전학과 같은 낯섦을 경험했다. 이제 언어 장벽과 문화 차이를 넘어 소통과 협력을 할 수 있을지가 관건이었다.

아이들에게 낯선 것이 또 하나 있었다. 아이들이 받은 태블릿과 스마트폰이다. 출석부가 없는 대신 아이들은 각자의 태블릿을 통해 클라우드 기반의 학사관리 시스템에 등록한다. 아이들의 등록과 동시에 모니터에는 선생님들의 프로필과 그날의 시간표가 공개됐다.

"진짜 수업 시간에 스마트폰을 가져가도 되는 거예요?", "제가 깔고 싶은 애플리케이션을 깔아도 되나요?" 아이들은 익숙하지 않은 기종의 스마트폰과 태블릿보다는 인터넷 접속에 제한이 없다는 사실에 놀라워했다. "게임해도 상관 안 하실 거예요?"라고 은근슬쩍 제작진을 떠보는 학생까지 있었다.

미래학교에서는 유해 사이트 및 콘텐츠를 제외하고는 인터넷 접속을 제한하지 않았다. 아이들의 디지털 리터러시를 높이기 위해서다. 참고로 실제 많은 학습관리 프로그램들은 교육용 외 다른 사이트 접속은 제한한다.

디지털 리터러시|Digital Literacy
디지털 문해력 탐색Reading → 해석과 통합Interpret & Intergrate → 평가 Evaluation로 이어지는 과정을 완수하는 능력

인터넷 기반의 학사관리 시스템은 교사와 학생 간 소통을 높여준다. 단순히 이메일을 통해 과제를 내주거나 제출하는 데 사용되는 것이 아니라 실시간 채팅과 Q&A가 가능하도록 하고 학생들 간 의사소통을 활발히 하도록 했다.

미래학교에서 사라진 것은 또 있었다. 바로 종이로 된 교과서이다. 교과서는 수업이 시작된 후 인터넷을 통해 다운받도록 했다. 디지털 교과서는 이미 우리나라에 도입돼 있다. 멀티미디어의 활용으로 학습 효과가 높아지는 것은 이미 검증된 바 있다. 미래학교에서는 아이들의 진도에 따라 교과서를 자유롭게 추가·편집할 수 있도록 유연하게 구성했다. 디지털 교과서는 내용이 개정될 때마다 편하게 사용할 수 있을 뿐 아니라, 보조 교재(참고도서, 연습집, 활동지 등)를 수준별로 편집할 수 있어 맞춤교육이 가능하다는 장점이 있다.

당연히 종이 공책도 사라졌다. 태블릿으로 학생마다 클라우드를 할당해 주고 과제와 관심사 등을 저장할 수 있는 '나만의 교과서'를 만들게 했다. 학생들은 해당 클라우드 저장소를 다양하게 활용했다. 자신의 관심사, 학습 진도 등을 파악할 수 있는 자료로 활용하기도 했다. 특히 아이들 중에는 교과서 내용 등을 발췌해 자신만의 책자를 만들어내는 경우도 있었다.

인터넷 사용 제한, 종이 교과서와 공책, 예습 및 복습 등 수업 시간 외 교육 부담은 미래학교에서는 모두 사라졌다. 하지만 학교에서 학생들을 개별적으로 파악할 수 있는 수단은 첨단 기술로 인해 더욱 많아졌다. 아이의 학습이 어느 정도까지 이뤄졌는지, 과제는 얼마나 성실하게 제출하는지 등 보다 쉽고 정확하게 확인할 수 있는 시스템이 마련된 까닭이다.

미래학교 학생들에게 시험이란?

미래학교에서도 사라지지 않은 것은 있었다. 바로 '시험'이었다. 학생들의 이해도를 파악하는 것은 맞춤수업에 꼭 필요했다. 디지털 기기를 이용하면 시험은 더욱 용이해진다. 답안지 제출과 동시에 채점은 물론이고 응시자 평균, 최고 및 최저점, 오답률이 높은 문제 등이 자동으로 파악되기 때문이다. 선생님들로서는 학사관리가 쉬워지는 것이다.

하지만 '시험'이라는 말이 나오자마자 아이들은 술렁였다. 4개국 아이들 모두 조용히 태블릿을 응시할 뿐이었다. 아이들 사이에서 불평이 들려왔다.

태블릿을 이용한 미래학교 학생들의 자습시간

"미래에도 학교는 똑같은가 보다. 어디 가나 시험은 보는구나.", "모국에서라면 시험 준비를 제대로 했겠죠. 그런데 오늘은 전혀 준비가 안 돼 있어요."

놀라운 사실은 아이들의 학업흥미도에 따라 시험을 보는 태도가 달랐다는 점이다. PISA 지수 즉, 흥미와 자신감이 높은 아이들은 쉬운 문제도 다시한 번 점검하고 모르는 문제는 마치 연구라도 하듯 시간을 들여 몰두했다.

한편 PISA 지수가 낮은 아이들은 모르는 문제는 별 고민 없이 포기했다. 반면 성적은 중위권이지만 PISA 지수가 높았던 학생들은 대부분 끝까지 답을 재검토했다. 주관식 답안지에는 자신이 이 문제를 풀 수 없는 이유를 써놓고 선생님의 피드백을 원한다는 내용을 써놓기도 했다.

PISA 지수와 성적 모두가 낮은 학생들은 시험 시간 자체를 고역으로 여겼다. "모르는 걸 붙들고 있어서 뭐해요."라며 아예 반항을 하는 학생이 있는가 하면, '저 친구는 벌써 다 푼 거야? 난 왜 이 자리에 앉은 거지. 태어날 때부터 계산기를 들고 태어난 거 같은 애 옆에 앉았네.'라며 옆 친구를 의식하기도 했다.

PISA 지수와 시험을 보는 태도가 연관돼 있었다면, 결과에 대한 압박감은 성적과 크게 관련이 있었다. 소위 '성적 우수자'로 꼽히는 아이들의 경우 다른 아이들과 자신을 비교하는 경향이 컸다. 우리가 주목한 부분은 학교에서 우등생이라는 F의 경우였다. F는 시험에 대해 자신감을 나타낸 학생이었다.

100점을 맞는 게 저한테는 정말 중요해요. 100점을 맞아야 제가 공부를 했다는 걸 증명하는 거잖아요. 그래야 만족감도 느끼고요. 그런데 시험 문제가 어려워서 모두 100점을 받지는 못한 것 같아요. 그런데 저는 몇 등인가요?

F는 선생님의 질문에 다른 아이들이 생각할 틈도 없이 대답하곤 하는 학생이었다. 모든 선생님들이 '수업 태도가 좋다', '참여도가 높다'라고 평가했다. 심지어 한 선생님은 F에게 학교에서 해당 내용을 배운 적이 있는지 물어볼 정도였다. 그런데 수업을 녹화한 영상을 자세히 분석해보면 F는 '내용에 관한 질문'은 하지 않는다. 시험 당시의 영상도 분석해봤다. 시험 시간은 단 15분이었는데, 아이는 평균 8분 안에 시험을 끝냈다. 마지막 시험 무렵엔 주변 아이들이 술렁일 정도였다.

시험이 끝나고 F는 '기본적으로 수업이 너무 쉬워요. 저는 중3이라 이미 다 배운 거거든요. 제가 봤던 시험들은 훨씬 어려운 거였어요.'라고 말했다. 정작 F가 충격을 받은 건 시험 이후였다. 아이는 자신이 만점을 받지 못했고, 성적도 1등이 아니라는 것을 알고 혼란스러워했다. 자신이 무엇을 모르는지 정확히 파악할 수가 없다는 사실이 F를 당황하게 했다. 아이는 그 원인을 '시험을 준비할 시간이 없어서'라고 말했다. F는 전형적으로 시험 전 소위 '벼락치기'를 통해 성적을 유지해왔던 아이였던 것이다.

시험 전 2주간 준비를 차근차근 했다면 좋은 성적을 받았을 거라고 생각해요. 시험 범위와 내용은 정해져 있으니까요. 전 수학을 잘하지는 못하지만 점수를 잘 받는 요령을 알아요. 이번에도 예고만 있었다면 열심히 공부해서 1등을 했을 거예요.

F는 원리 이해보다는 암기식 문제풀이에 집중해왔기 때문에 응용력을 요하는 문제에서 실수가 잦았다. 2년 전 이미 배운 단원이라 수업조차 허술하게 넘어갔다. 아이의 PISA 지수도 평균 정도였다. 결국 F는 '기초가 탄탄하지 못한 성적 우수자'에 꼽혔다.

지식이 지면 시험으로 평가될 수 있다면, 창의성과 자기주도학습 능력은 추론과 메타인지를 통해 가능할 수 있다. 하지만 진도와 학습 목표 위주의 전달식 수업에서 아이들은 질문할 공간을 찾지 못한다. 선생님의 강의를 비판적으로 받아들일 시간을 갖지 못하는 것이다.

메타인지는 자기 공부를 스스로 돌아보고 평가해보는 시간이 필요하다. 이해가 안 되는 부분, 불분명했던 점에 대해 생각해보는 시간을 가져야 하는데 F는 그간 성적이 잘 나오다 보니 그럴 필요성을 느끼지 못했다. 시험이 '아이들 간의 경쟁'이 아닌 '자신에게 맞는 공부 방법을 찾는 수단'이 돼야 했지만 어느새 공부의 목표가 됐던 것이다.

미래학교는 개별적인 학습 방법과 실생활의 문제를 해결하기 위한 진정한 탐구의 여정이라는 주제를 갖고 장기적인 계획을 세웠다. 12명 아이들은 성적에 각각 강점과 약점이 있었다. PISA 지수, 성적, 메타인지 분석 등에 따라 한 명씩 개별 맞춤수업이 디자인됐다.

{ 교육 현장에서의 스마트폰은 어디까지 허용해야 할까? }

학생들이 학교에 가면 가장 먼저 하는 일은 무엇일까요?

EBS <미래학교> 제작을 앞두고 노르웨이, 대한민국, 싱가포르, 인도 4개 국 제작진이 모인 가운데 한국의 교실에 대한 발표가 시작됐다. 이후 나타 난 사진은 수북하게 쌓인 스마트폰들이다. 다른 나라 제작진들도 대부분 고개를 끄덕였다. 너무나 당연한 일이라고 생각했다.

◆ 우리나라도 마찬가지예요. 스마트폰은 수업 중 사용 금지죠. 그런데 수 거까지는 아니고 전원을 끄게 하고 있어요.

◆ 확실히 집중력이 떨어지죠. 그런데 이건 자제력이 있는 어른들에게도 마찬가지예요. 일할 때 스마트폰이 큰 방해가 된다는 걸 알면서도 잘 제 어하지 못하는 것과 같죠.

하지만 아이들의 의견은 다르다. '요즘 스마트폰은 이전의 슈퍼컴퓨터 대용' 이라는 주장이다. 수업 중에 자유롭게 자료를 검색하고 의견을 나누는 데 스 마트폰만한 것이 없다고 목소리를 높인다. 미국의 유명 만화 <심슨가족>은 이런 논란을 미리 예견한 듯하다. 끊임없이 울리는 휴대전화 소리에 선생님 이 '압수' 조치를 취하자 아이의 불만이 노골적으로 터져 나온다.

선생님들은 자기 머릿속에 있는 것만 가르친다고 블로그에 올려야겠네.

아이들에게 교실 내 혹은 수업 중에 스마트폰을 허용해야 하는지는 아직 논쟁거리다. 2017년에는 '스마트폰은 어디에 놓아도 학생들의 머릿속에 일정 용량을 차지하고 있다.'라는 연구까지 나왔다. 학생들을 세 그룹으로 나눠 스마트폰을 각각 '책상 위에 뒤집어놓거나', '주머니와 가방 속 보관', '교실 내 별도의 공간에 보이지 않게 보관'한 후 수학 문제를 풀게 했다. 세 그룹 모두 무음으로 해놓았기 때문에 스마트폰이 있다는 것을 인지할 수 없었다. 이 중 어떤 그룹이 가장 점수가 높았을까? 스마트폰을 별도의 공간에 보관한 그룹이었다. 스마트폰과 물리적으로 가까울수록 점수는 낮았다. 연구진이 스마트폰의 존재에 대해 '두뇌 유출(Brain Drain)'이라 표현했을 정도다.

하지만 스마트폰을 가지고 있다는 것만으로 아이들이 디지털 기기를 잘 사용할 수 있는 것은 아니다. 미래 역량 중 하나로 꼽히는 디지털 리터러시는 적절한 교육을 통해 키워진다. 초등학교 4학년에서 중학교 3학년까지의 학생들을 대상으로 한 연구에 따르면, 초등학생과 중학생 모두 컴퓨터나 디지털 기기를 학습이나 숙제 등 학습에 이용하고 있는 것이 현실이다. 특히 음악 듣기, 영상 편집 등 여가 활동을 위해 스마트폰을 쓰는 학생들의 디지털 리터러시가 우수한 것으로 나타났다. 반대로 SNS 상에 메

시지 전달 위주의 활동은 부정적인 영향을 냈다. 컴퓨터와 디지털 기기에 노출되는 시간이나 경험 자체보다는 학습이나 취미 활동 등과 같이 특별한 목적이 있어야만 디지털 리터러시 수준이 올라간다는 것이다.

이는 무조건적으로 인터넷과 스마트폰 사용을 막을 것이 아니라 학교와 가정에서 학습 목적을 갖고 적극적으로 교육해야 함을 알려주고 있다.

'교육(education)'의 어원은
라틴어 '에두코(educo, 안에서 이끌어내다)'에서
찾을 수 있다.
학생들을 지식으로 채우는 게 아니라
이미 존재하는 무언가를 끌어내는 것이
바로 교육이라는 의미다.

PART

2

미래학교를
바 꾸 다

1 미래를 준비한다, 일괄 교육은 거부한다 ― 수학

조회, 자습, 개별 상담 및 휴식 등이 이뤄지는 미래학교 '홈룸'에서 자습하고 있는 아이들

수학 시간
— 산만한 아이들의 다른 이유

미래학교 개강 후, 아이들은 두 그룹으로 나뉘었다. 한 무리의 아이들은 '수학 수업의 수준이 올라가겠죠?'라고 물었고, 반대의 아이들은 '수학이 너무 어려워요. 설명을 해주셔도 무슨 말인지 모르겠어요. 제가 이상한가요?'라고 호소했다. 실제로 수학은 1점에서 10점까지 학생들 간의 점수 차이가 가장 큰 과목이었다.

이해도가 각각 다른 아이들이 같은 수업을 듣고, 같은 속도로 이해하기를 바란다는 것이 현재 학교의 문제점이다. 우리나라에서 사교육과 선행학습이 광범위하게 이뤄지는 주된 이유다. 학원에서 중학교 진도를 모두 끝냈다는 한 아이는 '학교 수업이 사교육을 당연한 전제로 생각하고 이뤄진다.'고 꼬집었다.

> 학교에서 어떤 선생님들은 '학원에서 다 배웠지?'라고 넘어가시곤 해요. 일단 아이들이 진도를 천천히 나가면 지루해요. 어차피 학원에서 배운 내용이니 수업 시간에 아예 엎드려 자는 아이들도 있거든요. 그래서 선생님들은 사교육을 받지 않는 아이들을 대상으로 수업을 하지 않아요. 결국 사교육을 받지 않은 친구들은 계속 뒤처질 수밖에 없죠.

수학 성적만을 따로 분석해보자.

	수학 성적	수학 PISA 지수	사교육, 선행 유무★
A	10	하	사교육, 선행
B	10	상	사교육, 심화
C	10	상	사교육, 심화
D	7	상	사교육 무, 선행
E	9	상	사교육, 선행
F	6	중	사교육 무, 선행
G	6	상	자습선행
H	6	상	
I	6	중	
J	1	하	
K	2	하	자습 선행
L	1	상	

유난히 수업에 집중을 못했던 B가 있었다. 수업 시간에 질문도 전혀 하지 않았고 발표도 저조했다. 선생님의 눈을 피해 인터넷 게임을 하다가 주의를 받기도 했다. 수업 태도만 보면 문제아였지만 막상 문제풀이는 능숙하게 해냈다. 수학 시험에서 만점을 받기도 했다. 과목별 편차가 심했을 뿐 PISA 지수도 높았다. 아이의 솔직한 말을 들어봤다.

미래학교는 좀 다를 줄 알았거든요 수학이랑 코딩을 정말 좋아하기 때문에 미래학교에 지원한 건데 기존의 학교에서 배우던 내용과 방식이랑 비슷해요 저는 이미 이해했는데 다른 아이들이 이해할 때까지 기다려야 하니까 시간 낭비라는 생각도 들었고요

B는 학교뿐 아니라 학원 수업에서도 집중력이 떨어진다고 말했다. 선행학습이 아닌 심화학습을 받고 싶은데 학교와 학원 모두 아이가 원하는 바를 충족해주지 못한 까닭이다. 그런데 B는 고등학교 수준의 수학 심화수업을 받는 학원에서도 종종 수업 태도를 지적받고 있었다. 학원에서는 정형화된 문제풀이 방식을 가르쳐주는데, 정작 아이는 원리를 이해한 후 자신만의 방법으로 문제를 풀어보고 싶은 마음에 귀를 막곤 했기 때문이다. 실제로 아이는 미래학교의 수학 시험에서도 수업 중 배운 방식이 아니라 독창적인 방법으로 주관식 문제를 풀어냈다.

★ 선행, 심화 사교육이 이루어진 것은 우리나라 학생들에 국한됐다. 특히 우리나라 여섯 명 학생 중 '수학 사교육을 받은 적이 없다.'고 답한 경우는 단 두 명뿐이었다. 사교육 없이 선행이 이뤄진 경우는 학년이 높았던 외국 학생들이다.

반면에 수학 시간에 숨소리조차 내지 않는 아이, K가 있다. 아이가 유일하게 소리를 지른 건 수학 시험 때였다. 아이는 "포기!"라는 선언과 함께 자리를 박차고 나가버렸다. K의 PISA 지수는 전 과목에 걸쳐 낮게 나타났다. 평소 활발한 아이가 공부에 관해서는 극히 소극적인 모습을 보였다.

저는 공부를 못하는 아이에요 그리고 공부를 싫어해요

특히 다른 과목보다 수학에 대한 거부감이 컸다. 아이는 자신을 일명 '수학 포기자'라고 불렀다. 중학교 입학 2개월 만의 일이었다.

제가 수학 공부를 안 하려는 건 아니에요. 처음에는 저도 모르는 게 있으면 선생님한테 가서 여쭤보기도 했죠. 그런데 선생님이 저만 가르치시는 게 아니잖아요. 선생님은 진도를 나가셔야 해요. 물론 설명 후에 꼭 '이해 못한 사람' 혹은 '질문 있는 사람' 등을 확인하시곤 합니다. 그런데 아무도 손을 안 들어요. 혹시 '다른 아이들에게 피해가 갈까.' 하는 마음이죠. 차라리 안심되기까지 해요. '너도 모르는구나, 나만 모르는 게 아니구나.' 같은 생각이 들죠.

K는 이해하지 못하는 내용이 쌓이면서 빠르게 수학에 대한 자신감을 잃었다. 문제는 다른 과목에 대한 PISA 지수까지 같이 떨어지고 있다는 사실이었다.

솔직히 말하면 숫자만 나오면 다 싫어요 그러다 보니까 코딩, 과학, 사회 다 자신이 없어져요

학교 수학이 너무 쉬워서 집중할 수 없다는 B와 학교 수학이 너무 어려워서 다른 공부까지 싫어진다는 K는 같은 학교의 같은 학년이다. 전혀 다른 이해도를 가진 아이들이 한 교실에서 같은 수업을 듣고, 같은 시험으로 평가받는 것이다. 이런 학교를 바꾸기 위한 수학 수업 디자인에는 첨단 기술이 큰 역할을 해줬다.

미래 수학에 대한 잘못된 접근
― 사교육과 선행은 얼마나 도움이 되나?

수학 PISA 지수가 낮은 아이들에게는 성적과 상관없이 하나의 공통점이 있었다. 수학 성적은 만점에 가까웠지만, PISA 지수는 낮았던 A의 경우를 보자. A는 수학 학원에 다니며 고등학교 수학까지 진도를 나간 상태였지만, 자신이 수학을 잘한다고 생각하지 않았다. 아이는 자신이 수학에 특화돼 있다고 여기지 않았다. 다만 "문제는 빨리 푼다."고 자신했다. 현재 학교 수업에서 중요시하고 학원에서도 주로 가르치는 요소는 '문제를 얼마나 빨리 푸느냐'에 달려 있기 때문이다.

수학에서 비슷한 점수를 받는 C 역시 사교육을 통한 선행학습이 이뤄졌지만, A와는 달리 PISA 지수가 높은 편이었다. 왜 이런 차이가 생겨난 것일

까? 둘의 차이는 답안지를 면밀히 검토하는 순간 드러났다. 수학 선생님은 같은 점수의 답안지를 보고도 사교육 정도와 고등학교 진학 이후 성적을 조심스럽게 예측할 수 있었다고 한다.

> A 학생은 스킬만 배운 경우고, C 학생은 개념을 알고 있네요. 그래서 A는 배운 대로 수치만 바꿔서 문제를 풀었고, C 학생은 직관적으로 다른 방법을 사용해서 답을 찾아냈어요. 비록 오답이긴 하지만 창의성이 높고 수학의 개념을 이용해서 자신만의 방식을 시도한 거죠. 객관식 문제에서는 잡히지 않는 것들이 서술형 문제에서는 확연하게 보입니다. 이런 학습 방법이 계속되면 고등학교 진학 이후엔 이 두 친구의 성적은 더 벌어질 거예요.

선행학습은 아이에 따라 흥미와 자신감을 떨어뜨리기도 하고, 반대로 도움이 되기도 했다. 다만 문제풀이 중심의 선행학습은 아이의 창의성을 저해할 확률이 높았다. 수학 선생님이 객관적인 점수를 차치하고 '수학적 창의성'이 돋보인다고 평가한 학생은 오히려 중간 정도의 성적을 기록한 H였다. H 학생은 사교육이나 선행학습을 전혀 하지 않았다.

> 아이들의 주관식 문제풀이 방식을 다시 한 번 꼼꼼히 확인해봤습니다. 배운 대로 풀지 않고 자기 나름의 방식대로 풀려고 하다 보니 오답이 많았습니다. 그냥 배운 대로만 풀었으면 주관식 문제를 모두 맞혔을 거예요. 그동안 수능 수학을 가르치면서 제가 강조한 것이 '빨리 푸는 법', '정확하게 푸는 법' 같은

거였는데요. 미래학교에서도 그걸 적용하고 있었네요. 이런 건 미래의 수학 교육에선 통용되지 않을 텐데 말이죠.

특히 선생님이 수업 시간에 주목한 건 수학 시험에서 최하위 점수를 기록한 외국 학생 L이었다. 수학 수업에 잘 집중하고 이해도 빨랐다. 학생은 미래학교의 수학 수업에 대해 "어렵다"고 평가했다. 심화 인터뷰를 통해서 그 이유가 드러났다. 단순한 국가별 진도 차이였다.

우리나라에선 아직 배우지 않은 부분이에요. 아시아 학생들의 수학 진도가 우리나라보다 빨라서 경쟁에 자신이 없어요. 하지만 제 실력대로라면 수업이 거듭될수록 점수 차이를 극복할 수 있을 거라고 믿어요. 제가 수학을 아주 잘하지는 않지만, 흥미를 갖고 있는 과목이라서 열심히 하거든요.

L의 PISA 지수 역시 수학에서 상대적으로 높은 편이었다. 아이의 전체 PISA 지수가 다소 낮게 나타난 것 역시 진도 차이였다. 정보코딩 과목을 배운 적이 없어서 흥미와 자신감이 떨어졌던 것이다. 이러한 아이들의 특성을 개별적으로 검토한 후에야 비로소 맞춤수업이 시작됐다.

미래학교 선행학습의 부작용은 없는가?
— 숲을 보는 미래 교육

선생님들이 무턱대고 사교육을 반대하는 것은 아니다. 현재 공교육 제도에서는 진도와 학급 규모 등 여러 이유로 학생별 맞춤화가 어렵기 때문이다. 실제로 미래학교의 시험 결과를 통해서도 사교육을 받은 한국 학생들의 성적이 높음을 확인할 수 있었다. 하지만 선행학습을 한 A의 경우처럼 성적은 높지만 PISA 지수와 메타인지가 낮은 경우가 있었다. 소위 '문제풀이식 교육'에 익숙해진 탓이다.

수학 선생님이 가장 안타깝게 꼽은 사례는 "숫자만 봐도 싫다."라고 대답한 K였다. 중학생이 되자마자 수학을 포기하면서 다른 과목까지 손을 놓은 경우였다. K는 수학에 관한 사교육도 거부했다. 대신 부모에게 도움을 요청했다. 오빠가 초등학교 때 사교육 없이 우수한 성적을 거둔 방법이었다. 부모도 처음엔 낙관적이었다.

어릴 때부터 눈 뜨자마자 학습지를 푸는 습관을 길러줬어요 초등학교 때 습관이 평생 갈 것 같아서 일정 분량을 정해서 매일 풀게 했지요 하루에 네 장씩 문제집을 풀게 했어요 싫어하면 옆에 붙어 앉아서라도 시키니까 효과가 있더라고요 그렇게 한 3년 정도 지나니까 아이가 곧잘 따라하더군요

어릴 때부터의 습관이라 책상에 앉히는 건 어렵지 않았다. 아빠의 감시

아래 하루 네 페이지씩 문제를 풀다 보니 벌써 중학교 2학년 문제집도 절반 이상 진도가 나갔다. 문제는 네 페이지를 푸는 데 걸리는 시간이 점점 길어진다는 것이었다. 하루 한 시간이면 풀던 할당량이 어느새 네 시간이 걸려도 풀 수 없는 난수표가 돼버렸다. 공부하는 시간은 점점 늘어나는데 효과는 보이지 않으니 아이는 수학을 재미없고 어려운 것으로 여기게 됐다.

아빠와의 수업 역시 학교 수업의 연장에 지나지 않게 된 것도 문제였다. 이해하지 못하는 부분은 답을 먼저 보고 풀이 과정을 달달 외워 당장을 모면하고 있었던 것이다.

저를 믿어준 부모님을 실망시키기 싫으니까 반항을 안 했어요. 그런데 저도 하고 싶은 게 많은데 하루 종일 이걸 해야 하니까 숨이 막혔어요. 오빠는 이렇게 문제집을 열심히 풀어서 성적을 올렸지만, 저는 이해를 잘 못하는 것 같아요. 저는 그냥 공부를 못하는 아이인가 봐요.

아빠와 하는 일대일 학습은 문제집 위주다 보니 K의 이해 수준보다 높은 문제풀이를 강요받았다. 언제나 1년 전에 같은 문제집을 풀었던 오빠와 비교를 당하면서 말이다. 아이의 PISA 지수가 유난히 낮은 이유는 선행학습과도 관련이 있었다.

이는 똑같이 사교육 경험이 없는 G와 비교된다. 아이는 성적에 비해 수학에 대한 PISA 지수가 높았다. 실제로 미래학교가 끝나갈 무렵 G는 수학에서 만점을 받았다. 아이는 학원 대신 혼자 수학 선행학습을 해왔다. 진도를 따로 정해놓지는 않았다. 그 이유는 무엇일까?

저는 코딩 학원에 다녀요. 그러다 보니 수학까지 학원을 다닐 시간이 없어요. 그런데 코딩을 하다 보면 수학과 관련된 개념이 나와요. 저는 특정 문제집을 풀지 않고 해당 개념이 들어간 부분을 찾아서 공부해요 수학과 코딩, 두 마리 토끼를 모두 잡는 거죠. 이렇게 공부하다 보니까 수학에 대한 자신감과 흥미가 생기더라고요

사교육이나 선행학습에 부작용만 있는 건 아니었다. 다만 아이마다 다른 학습법과 이해도가 고려되어야 했다. 아직 10대인 아이들의 평생학습을 염두에 둘 필요가 있다는 결론에 닿았다.

{ 숲을 보는 부모 VS 나무를 보는 부모 }

미래학교는 아이들이 학습에 대해 긍정적인 경험과 흥미, 자신감을 가지도록 유도했다. 평생에 걸친 긴 학습 여정에서 아직 어린 학생들에게 학습 동기는 매우 중요했다.
부모들이 교육을 결정하는 계기도 중요하다. 제작진은 수많은 부모들을 면담하면서 다음과 같은 실험을 한 적이 있다. 소위 '네이본 과제'라고 불리는 실험이다. 아래의 글씨를 5초간 읽어보자.

SHS라고 읽은 사람이 있을 것이고 FSH라고 읽은 사람도 있을 것이다. 전자의 경우는 접근 동기의 관점이 강한 경우고, 후자는 회피 동기의 관점이 강한 사람이다. 하지만 이 관점은 압박감에 따라 다르다.

제작진이 부모들에게 '아이에게 중요한 시험이 있죠'라고 압박을 준 후, 위의 그림을 보여준 경우 열 명 중 여덟 명 이상이 FSH로 읽었다. 즉 '아이가 시험을 망치면 안 된다.'라는 회피 동기가 작동된 것이다. 그러다 보니 장기적인 학습 계획보다는 눈앞의 시험에 연연하는 모습을 보였고 이러한 불안은 아이에게도 전염됐다.

아이들도 시험의 압박에서 자유롭지 못했다. 당장의 성적에 급급한 아이들은 시험공부를 해야 하는 동기는 있을지 모르지만, 평생에 걸쳐 이뤄져야 할 학습을 즐겁게 받아들이지 못할 확률이 매우 높았다.

당신은 아이에게 어떤 동기를 만들어주는 부모인가?

미래 수학 맞춤교육

상위권으로 도약하다

미래학교는 수학에 있어서 이해도와 학습 목표에 차등을 두기로 했다. 미래의 A.I. 교사 시대에 더 용이해질 맞춤수업을 수학에 한해 진행하기로 했고, 비영리 온라인 사이트를 선택했다. 문제풀이 과정에서 개념을 이해하지 못한 학생의 경우에는 조금 쉬운 문제를 내고, 앞서 나가는 학생에게는 더 어려운 문제를 풀게 하는 식이었다. 참고로 동영상 강의는 영어로 진행되며 한국어 자막이 제공됐다. 아이들은 동영상을 볼 때 처음부터 끝까지 한 번만 보는 경우, 두 번을 보는 경우, 발췌해가며 보거나 건너뛰며 보는 경우 등 자기에게 맞는 방식을 선택했다.

심화반의 아이들에겐 해당 문제를 풀면 같은 원리가 적용되는 고교 과정의 문제까지 풀도록 유도했다. 미래학교에서 '수학이 쉬워서 지루하다.'고 말한 아이들이 긴장을 풀 틈이 없도록 한 것이다.

선행학습에 익숙하지만 수학을 좋아하지 않아 PISA 지수는 낮았던 A는 처음 A.I. 기반의 학습 사이트에 당황했다. 문제를 빨리 풀수록 고난이도의 문제가 나왔기 때문이다. 난이도가 높아질수록 기본 개념을 응용해야 하는 경우가 많아졌다. A는 이를 게임처럼 받아들이기 시작했다. 실패하면 낮은 수준으로 돌아가 다시 도전하는 식이었다. 그동안 개념을 잘 모르고 요령으로 풀었던 문제를 정확하게 이해할수록 아이의 자신감도 높아졌다.

제가 문제를 풀 때마다 계속 도전 과제가 나오니까 그동안 몰랐던 게 뭔지 확실히 알게 됐어요. 점수는 비슷해도 뭔가 확신에 차서 다음 단계로 넘어갈 수 있었습니다.

학교 수업이 너무 쉬워서 지루하다던 B는 얼굴이 상기될 정도로 집중했다. A.I.는 아이의 수준에 맞게 점점 난이도 있는 문제를 냈고, 힌트를 비롯한 다양한 방식으로 풀이를 유도했다.

저는 강의를 듣지 않고 일단 제가 아는 방법으로 문제를 풀었습니다. 그런데 자꾸 A.I.가 비슷한 문제를 내는 거예요. 처음엔 '내 수준에 너무 낮나.'라고 생각했는데 여러 가지 힌트를 통해 또 다른 방식이 있다는 걸 깨닫게 됐어요.

수학은 좋아하지만 언어 기반 과목에는 관심이 없던 B의 경우, 이 시스템으로 수학에 대한 관심이 다른 과목으로까지 뻗어나갔다. 경제와 사회 과목에 나오는 그래프가 수식으로 표현된다는 걸 알고 난 후부터다. 수식을 만들어 정보를 표현·기억하는 그래프에 대한 새로운 시각을 갖게 됐고, 경제에까지 관심이 생긴 것이다. "뭘 사본 적이 없어서 쓸 말이 없었다."는 B가 교과서 밖 세상 역시 수학과 연결할 수 있음을 알게 되면서 다른 과목에 대한 관심도 생긴 것이다.

성적도 PISA 지수도 높던 C는 자신만의 효과적인 학습법을 찾았다. 수학 선생님의 개별 지도를 통해서였다.

선생님이 수학의 특정 개념이 고등학교 과정에도 응용된다는 걸 가르쳐주셨어요. 해당 단원에 대해서 고등학교 과정까지 도전해보려고 합니다. 새로운 목표가 생기니까 지루할 틈이 없네요

실제로 2주 후 C는 수학에서 오답의 위험을 무릅쓰고 창의적인 방법으로 문제를 풀어 선생님을 놀라게 했다.

심화 과정이 예상보다 활발하게 진행되면서 두 명의 수학 선생님이 추가로 투입됐다. '너무 쉬워서' 수업 시간에 침묵하던 아이들의 질문 공세가 쏟아진 것도 이때부터였다.

중위권의 가장 효과적인 교사

A.I. 기반의 수학 맞춤수업은 특히 중하위권 아이들에게서 큰 효과가 있었다. 각자의 수준에 따라 A.I가 문제를 내다 보니 요령이 통하지 않았다. 이미 다 배운 내용이어서 당연히 만점을 받은 줄 알았다는 F의 경우를 보자. F는 시험 이후 큰 충격에 빠졌다.

분명히 그 단원을 배울 때 최고 점수를 받았었어요. 물론 벼락치기를 하긴 했지만, 지금은 그것보다 훨씬 어려운 단원을 배우고 있는데도 성적이 너무 나빠서 깜짝 놀랐습니다. 제가 잘못 이해하고 넘어간 게 뭐였을까요?

F는 같은 유형의 문제를 변주하는 A.I. 기반의 온라인 사이트에 집중했

다. 정답을 맞히더라도 요행이라고 여겨질 경우에는 선생님에게 도움을 청했다. 때로는 단순 계산 실수일 때도 있었지만, 기본 개념 자체를 헷갈린 일도 여럿이었다. 심화 문제를 통해 완벽하게 이해할 때까지 반복하고 나자 아이의 수학 자신감은 더욱 올라갔다.

> 제가 1학년 때 대충 넘겼던 부분이 지금 수업의 이해를 어렵게 한 거였어요. 수학도 암기 과목처럼 생각하고 푼 부분이 있었어요. 그때 해당 부분을 정확히 이해했다면 경제 과목도 쉽게 이해할 수 있었을 텐데, 돌이켜 생각하면 제가 너무 안일했습니다.

진도가 상대적으로 늦은 외국 학생들의 경우, 동영상을 통해 빠르게 진도를 따라잡았다. 특히 PISA 지수가 높았던 L은 선생님에게 숙제를 내달라고 할 정도였다.

> 저는 수학을 좋아해요. 잘하고 싶고요. 아직 진도가 안 나간 부분이라도 금방 따라갈 수 있을 거예요. 숙제 몇 번만 더 하면 훨씬 나아질 것 같아서 선생님께 부탁드린 겁니다.

실제로 L은 미래학교가 끝나갈 즈음 수학 만점을 받을 만큼 빠른 학습 능력을 보여줬다.

중위권 학생들은 선생님의 도움을 요청하기보다는 A.I. 기반의 문제를 꼼꼼히 푸는 것만으로도 성적이 가파르게 올랐다. 그중 가장 주목할 만한 것은 메타인지의 상승이다. A.I. 기반의 학습 사이트는 학습자가 오답을 내는 유형의 문제를 집중적으로 낸다. 단계에 따라 주어지는 힌트를 통해 문제를 풀고, 동영상을 반복해 보며 개념까지 이해하게 된다. A.I. 기반의 학습 사이트를 통해 비슷한 실력의 아이들이라도 모두 다른 난이도의 문제를 자신만의 속도로 풀고 각자의 오답 노트를 만들 수 있었다.

	1차 수학 성적	2차 수학 성적
A	10	10
B	10	10
C	10	10
D	7	10
E	9	9
F	6	8
G	6	10
H	6	9
I	6	6
J	1	6
K	2	7
L	1	9
평균	6.16	8.67

1차 시험에서 평균 점수를 받았던 G는 2주 만에 만점을 기록했다. 사교육 대신 자습 중심의 선행학습을 한 결과였다. 아이의 수학 성적 상승은 자

습을 통한 높은 이해도와 수준별 문제풀이가 효과적으로 이뤄졌다는 걸 보여준다. 개념 이해가 탄탄한 상황에서 약점을 빠르게 보강한 것이다. 아이는 개념을 이해한 후에도 문제를 풀 때 실수가 잦았는데, 같은 유형의 다양한 문제풀이를 거치며 실수가 줄어들었다. 역시 만점자로 등극한 D와 G의 공통점이 있다. 아이들의 공부 시간은 크게 늘어나지 않았지만 수학 PISA 지수가 매우 높았다. 미래학교에서 단기간의 성적보다는 학습에 대한 흥미와 자신감을 높이는 데 주력한 이유이기도 하다.

하위권, 수학의 두려움을 떨쳐내다

수학 성적이 나빴던 학생들의 경우 가장 먼저 달라진 것은 수학에 대한 PISA 지수였다. "숫자가 들어간 건 다 싫다."던 자칭 '수포자' K의 이야기를 들어보자.

다른 아이들이 어디까지 진도가 나갔는지, 또 어떤 문제를 푸는지 등 눈치 볼 필요 없이 제가 원하는 대로 공부를 하니까 재미있더라고요. 그리고 왜 그런지는 모르겠는데, 쉬운 문제를 풀고 나니까 더 어려운 문제들도 조금씩 답을 찾을 수 있었어요. 놀랍게도 제가 자발적으로 책이랑 참고서를 집에 가져갔다니까요. '수학이 이렇게 재밌는 거였나.' 싶을 정도였죠.

실제로 K의 클라우드 '나만의 교과서'에는 수학 관련 메모와 노트가 크게 늘었다. 미래학교의 수학 선생님은 K의 맞춤수업 적응을 자신했다.

12명 중 수학 이해도가 절대적으로 떨어지는 아이는 단 한 명도 없습니다. 그건 미래학교뿐 아니라 어느 학급이나 마찬가지입니다. 다만 아이들마다 수학에 대한 이해 속도가 다를 뿐이에요. 다행히 미래학교에서는 A.I.를 이용한 개별 맞춤 학습이 가능하기 때문에 아이들이 자신의 속도에 맞춰 공부를 할 수 있어요.

K의 경우 일반 학교의 수학 시간에는 질문도 하지 않을 정도로 참여도가 낮았다. 수업 내용을 이해도 못하면서 가만히 앉아 있는 건 고역이었지만, 그래도 다른 아이들에게 방해가 되지 않기 위해 내색하지 않았다. 그러다 보니 점점 수학에 대한 흥미도 자신감도 떨어졌다. 수학 선생님은 K의 학습 진도를 면밀히 관찰했다. K는 상위권 아이들처럼 빠르게 문제를 풀지는 못한 반면 오답률이 적었다. 동영상을 집중해서 보고 난 이후에는 문제를 푸는 속도도 빨라졌다. 2주 후 K는 시험에서 10점 만점에 7점을 기록했다.

불과 2주 만에 일어난 K의 PISA 지수 변화를 살펴보자.(12명 평균)

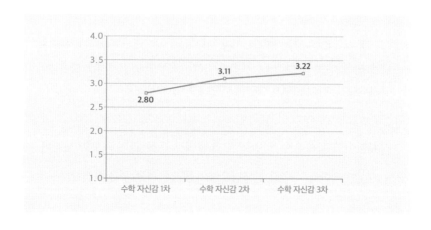

A.I.는 아이들의 자신감을 단기간에 올려놓았다. 문제를 풀 때마다 요란스러울 정도의 칭찬을 하는 A.I.에 아이들은 한껏 고무됐다. 아이들은 온라인 사이트가 수준별로 문제를 내는 것을 자연스럽게 받아들였다.

마치 게임 같았어요. '이제 1단계 미션이 끝났다. 2단계는 좀 더 어렵겠지만 할 수 있을 거 같은데.'라는 생각에 자신감이 조금씩 생기더라고요. 다른 친구들보다 늦을지는 몰라도 결국 저도 끝까지 문제를 풀 수 있으리란 확신을 갖게 됐어요.

로즈 러킨 박사가 말하는 A.I. 보조교사

부모와 교사는 항상 말하죠. "연습을 해야 완벽해진다." 물론 사실입니다. 글을 익힐 때도, 수의 개념을 익힐 때도, 반복은 필수죠. 바로 A.I.가 그런 기능을 해줄 수 있습니다. 아무리 오랜 시간이 걸려도 불만 없이 기다리고 사용자가 원하는 만큼, 몇 번이고 반복해서 설명해줍니다. 그리고 독려와 칭찬으로 인지를 강화해줍니다. 그게 바로 인간에게 맞는 학습 방식이기 때문입니다.

수학 맞춤교육,
A.I.와 인간 교사의 협업

우리는 인도에서 온 수학 선생님을 미래 교실에 참여시켰다. 선생님들은 아이들의 풀이 과정을 지켜보며 아이들의 이해 정도를 파악해나갔다.

> 우리는 최종 답만 보잖아요. 하지만 미래에는 최초의 답, 답을 고친 흔적, 풀이 과정의 오류까지도 다 기록이 되죠. 그럼 더 정교한 맞춤교육이 가능하지 않을까요?

두 선생님들은 아직 개발되지 않은 A.I.의 기능을 대신하고 있었다. 겉모습만 본다면 선생님들의 역할은 훨씬 줄어든 것처럼 보인다. 칠판은 사라지고 아이들은 각자의 태블릿에 몰두하고 있다. 외국의 한 학부모는 온라인을 이용한 수학 수업 사진을 보고 깜짝 놀랐다고 말했다.

> 책상에 종이 한 장 없더라고요. '왜 책이 없니?'라고 물으니 아이가 웃더군요. 태블릿이 교과서라고. '너희 세대는 그럴 수 있겠다. 그게 미래학교의 풍경이구나.'라고 이해했죠. 그런데 선생님이 두 명이나 있는데 버젓이 이어폰을 끼고 있는 아이들의 모습은 선뜻 받아들이기 힘들었습니다. 처음에는 '미래학교에서는 수업 태도를 전혀 관리 안 하는 건가?'라는 생각에 아이에게 '너도 그러니?'라는 질문을 던지기도 했죠.

일대일 수업 장면

하지만 수화기 너머로 들려온 아이의 대답은 부모를 안심시켰다.

평소 수학을 좋아하던 아이가 아니었는데, '미래학교에서는 100퍼센트 집중할 수 있다.'고 하더라고요. 선생님들이 질문에 딱 맞는 답을 찾아주니까 개인 교사를 둔 거 같다고 하더라고요.

처음 평균 성적을 기록했던 H의 이야기다. 수학 선생님들은 문제풀이보다는 A.I.가 하지 못하는 동기부여를 위해 H에게 많은 시간을 할애했다. H는 수학 PISA 지수는 높은 편이 아니었다. 학부모도 학생 본인도 전 과목을 고루 잘하는 걸 바라지도 않았다. 그저 앞으로의 진학과 희망 직업인 마케터에 도움이 될 실용적인 과목만 원했다. H의 사회 PISA 지수는 매우 높은 편이었으며 시장 보고서 작성에 전문적인 내용과 용어를 쓰기까지 했다. 수학 선생님들은 심층 인터뷰를 통해 직업과 수학의 연관성을 알려줬다.

일반적으로 방대한 자료를 해석하고 분류하는 능력은 수학의 확률과 통계의 이해를 통해 키우는 것입니다. 그런데 학교에서는 확률만 계산할 뿐이죠. 이렇듯 단순한 계산만 배우고 있기 때문에 아이들이 수학과 실생활의 접점을 모르는 것 같아요.

아이의 PISA 지수가 높아지자 수학 수업의 참여도도 높아졌다. 특히 A.I.를 이용하면서 아이들이 선호하는 수업 방식도 파악할 수 있었다. 수학 문제를 창의적으로 푸는 아이들의 경우를 살펴보자.

저는 무엇이든 일단 시도해보는 걸 좋아해요. 가끔 선생님이 수업 중에 예시 문제를 풀어주시잖아요. 그럼 '설명해주지 마세요.'라고 말하고 싶죠. 제가 생각한 방법으로 그 문제를 풀 수 있을지 궁금하거든요. 그래서 선생님이 설명할 때 제 딴에는 그걸 안 보고 안 들으려고 하죠. 그것 때문에 수업 태도가 좋지 않다고 많이 지적을 받았어요.

이런 아이들에겐 동영상 강의 대신 문제풀이를 하는 수업을 했다.

이미 배운 내용인데 정확히 이해를 못하고 넘어간 부분이 있었어요. 어떻게 응용되는지 들으니까 기억이 나요. 가정교사가 생긴 느낌이에요.

기초가 부족한 아이들의 경우, 학력을 무시하고 초등학교 수준의 수업까지도 제안했다. 이 모든 것이 교사 간 협업이 있었기에 가능한 개별화였다. 두 명의 수학 선생님들은 함께 아이들의 수업 진행 사항을 점검하기도 했다. 마치 코트에 나간 선수들의 움직임을 분석하고 작전을 짜는 감독과 코치 같은 모습이었다. 두 선생님은 이 방식이 강의식 수업보다 훨씬 더 많은 준비가 필요하다고 입을 모았다.

현재 교실에서는 진도라는 걸 무시할 수 없죠. 개인별 맞춤교육이 힘든 이유에요. 수학 교육의 핵심은 개념에 대한 깊이 있는 이해인데, 즉석에서 문제를 푸는 걸로 학생의 능력을 어느 정도 가늠하고 넘어가는 거죠. '한 명도 뒤처지는 아이 없이'라는 이상을 미래학교에서는 시도해볼 수 있습니다.

2 선행학습

제로 세팅 —

정보

코딩을 둘러싼
오해와 진실

12명의 지원자가 미래학교에서 배우길 희망한 코딩. 사전조사 결과, 학생들 간 가장 큰 수준차가 있었던 과목이기도 했다. 코딩을 잠깐이라도 배운 적 있다고 답한 여섯 명 중 프로그램언어 두 개 이상을 다루는 학생은 총 세 명이었다. 아이들이 원하는 코딩 수준도 각각 달랐다.

> 저는 취미로 게임을 만들어요. 제 생각에는 파이썬이 쉬운 것 같은데요.
> 부모님이 프로그래머로 일하세요. C언어가 제일 기본 아닌가요?

영어로 치자면 알파벳을 배워야 할 아이들과 원어민이 혼재돼 있는 모양새였다. 아이들의 선행 정도를 검토하던 선생님도 당황할 정도였다.

> 제가 못 다루는 프로그램언어를 다루는 친구도 있네요. 어떤 언어로 선택하더라도 분반을 하지 않는 한 불만이 있겠어요. 모두를 만족시키는 수업이 가능할지 걱정입니다.

현재 우리나라에서 코딩 교육을 둘러싸고 논란이 과열되고 있는 것도 코딩을 성적 위주의 과목으로 보는 편견 때문이다. 특히 이공계 아이들에게 유리한 과목으로 인식되는 것도 사실이다. 미래학교에 지원한 일부 아이들은 수학 PISA 지수와 정보 PISA 지수에서 특히 높은 자신감을 보였다. 하지만 미래에 도입될 코딩 교육은 특정 프로그래밍 언어를 배우는 것이 아니라, 미래 A.I.와 함께 살아갈 시대에 꼭 필요한 사고력을 키우는 것을 목표로 한다는 점에 주목해야 한다. 이른바 '컴퓨팅 사고력'이다.

컴퓨팅 사고력 Computational thinking

분해decomposition   패턴인식Pattern Recognition

추상화Abstraction   알고리즘Algorithm

컴퓨팅 사고력에 관한 가장 대표적인 시범 수업이 이러한 내용을 잘 보여준다. 8~9세의 아이들을 대상으로 한 코딩 수업이지만 컴퓨터를 사용하지 않는다. 선생님은 아이들에게 어려운 과제를 내준다. "머릿속에서 1에서 200까지를 모두 더해보세요." 아이들이 황당한 표정을 짓는 것은 당연하다. 잠시 후 선생님은 칠판에 다음과 같은 숫자를 적어 보여준다.

1+2+3 ·················198+199+200

"이렇게 커다란 문제에 접했을 때, 가장 중요한 건 패턴을 찾는 거예요. 패턴을 찾은 사람 있나요?" 칠판의 여섯 개 숫자를 응시하던 아이들은 곧 패턴을 찾아냈다. 바로 양쪽 끝 숫자를 더하면 201이 나온다는 것이다. 선생님

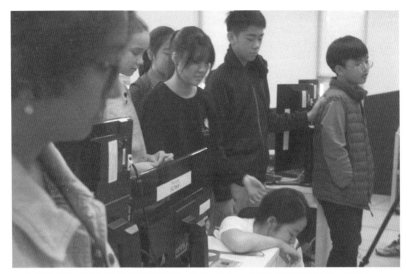

코딩 수업 시간, 마이크로비트 링비트카Microbit Ring Bit Car의 운전 시연을 보고 있는 아이들

은 양 끝의 숫자를 연결해 201이 나온다는 걸 표시해준다.

1+200=201
2+199=201
3+198=201 ······

"그럼 201이 몇 개나 나오는 걸까요?" '201'이라는 공통부분만 남기는 과정, 바로 추상화이다. 아이들은 곧 100을 곱해 2100이라는 답을 찾아낸다. 선생님은 이를 코딩이라고 표현하지 않고 '어려운 문제를 맞닥뜨렸을 때, 이를 효율적으로 해결하는 방법'이라고 아이들에게 소개한다. 미래학교는 학생들의 선행학습 정도와 특성을 고려해 CT와 창의성에 중점을 둔 수업을 고안했다. '지식수업-실습'의 순서가 아니라 '실습-지식수업'으로 순서를 바꾼 것이다. 이 수업이 아이들의 흥미와 자신감을 동시에 끌어올릴 수 있을까?

선행학습 제로 세팅
─ 코딩 수업에서 생긴 일

수학을 좋아하는 B는 2018년 학교에서 처음 시행된 정보 수업에 실망했다고 한다. 아직은 주 1회 정도에 불과한 형식적인 수업이라는 것이었다.

> 처음에는 학교에서 컴퓨터를 배운다고 해서 기대가 컸어요. 그런데 막상 수업에서는 포스터 만드는 걸 배우더라고요. 교과서에 코딩도 나오는데요, 아마 그 부분은 나중에야 배우는 거 같아요. 그래서 결국은 학원에 다녀요. 전 C언어에 관심이 많고 배우고 싶어서요.

G는 거꾸로 코딩을 배우면서 수학에까지 관심을 넓혀간 경우다. 루프부터 순서도, 조건, 명제의 참거짓까지 코딩에서 배운 개념이 궁금해지면서 덩달아 수학에 대한 흥미와 자신감도 올라갔다. 전국 단위의 경시대회에서 여러 번 상을 탈 만큼 실력도 높아졌다.

과연 선행학습은 코딩에서도 위력을 발휘할까? 미래학교는 고민 끝에

12명 아이들 모두 배워본 적 없는, 가장 기본이 되고 이해하기 쉽다고 여겨지는 '블록 기반의 프로그래밍 언어'를 선택했다. 한편 '블록코딩'이라는 말을 듣고 불만을 드러내는 학생도 있었다. 미래학교에 오기 전 이미 세 개 이상의 프로그래밍 언어를 다뤘던 D였다.

> 모국에서는 코딩이 정규 과목에 들어 있어요. 전산도 따로 있고요. 그런데 미래학교의 코딩 수업은 제 수준과 맞지 않아서 다른 과목을 선택했어요. 코딩을 정말 좋아해서 몇 시간이고 할 수 있지만 이미 아는 걸 다시 배울 필요는 없잖아요.

D는 미래학교에서 배우는 코딩 수준에 만족하지 못해, 인터넷을 통해 프로그래밍을 배우고 있었다. 전 과목에 PISA 지수가 높았던 D가 특히 자신감을 가졌던 과목이 코딩이었다. 이미 자기 나라의 학교에서 배우는 수준도 넘어섰기 때문에 교사의 동기부여도 소용없었다. 코딩은 자신이 혼자서 몇 시간씩 몰두할 만큼 좋아하는 과목이었으므로 자습이 가장 효과적이었다.

하지만 미래학교의 코딩 수업은 달랐다. 블록 프로그래밍이란 특정 기능을 담은 블록을 쌓아 프로그램을 짜고 보드에 연결하면 점멸, 문자 표시, 장난감 차량 등을 실행할 수 있어 학생들의 흥미를 자극했다. 처음 코딩을 배우는 학생들에겐 흥미를 줄 수 있고, 고급 코딩을 배운 학생들에겐 응용을 통해 창의력을 키워줄 수 있었다.

첫 수업에서 아이들은 관련 원리에 대한 짧은 설명을 들은 후 곧바로 각자에게 주어진 과제를 맞닥뜨렸다. 예컨대 특정 도형이 점멸하는 걸 보여주

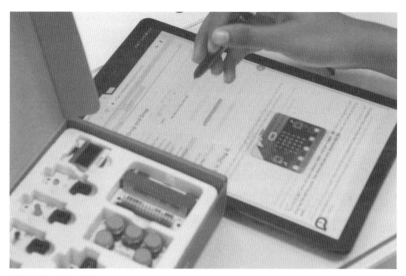

블록코딩 프로그래밍

고 다양한 블록을 이용해 같은 작동을 하도록 프로그래밍을 해보도록 하는
식이다. 같은 작동이라도 여러 가지 방법이 존재한다. 단 세 개의 블록으로
점멸을 구현할 수 있는가 하면, 열 개 이상의 전혀 다른 블록을 사용하는 경
우도 있었다.

처음에는 코딩을 배운 학생과 배우지 않은 학생으로 2인 1조를 구성했다.
같은 조가 된 아이들은 서로 상의를 하며 블록을 쌓아갔다. 의외로 선행학습
을 한 학생이 일방적으로 이끌어가는 경우는 없었다. 고급언어부터 배웠다는
B도 여러 차례 시행착오를 거쳤다. 이론적인 순서도와 실제 정확한 코딩에는
차이가 있었기 때문이다. 블록코딩이 '너무 쉽다'고 불만을 표했던 D는 예상
치 못한 난관을 해결하며 여러 가지 코딩을 짜내느라 수업 내내 집중했다.

블록코딩이 쉽다고 생각했었는데, 친구한테 설명하려니 꽤 힘들더라고요. 막상 작동시키면 뭔가 빠뜨린 게 발견되는 탓에 서로 의논해서 문제를 해결하는 데 집중했어요.

아이들이 집중할 수 있었던 이유는 짧은 시간 내에 여러 번 시도한 뒤 결과물을 만들어내야 했기 때문이다. 아이들은 하나의 동작을 위해 평균 서너 개의 블록 조합을 만들어냈다. 모두 다른 블록 조합에 질문과 감탄, 때로는 조언이 오갔다. 아이들의 PISA 지수는 수업 3회 차 만에 올라갔다. 코딩 초보자들의 경우 그 차이가 더 컸다.

코딩은 뭔가 복잡하고 어려운 거라고 생각했었는데, 서로 의논해 블록을 쌓으면서 실행과 점검을 반복하다 보니 시간 가는 줄 모를 만큼 재밌었습니다.

코딩은 수학과 과학을 잘하는 애들만 할 수 있는 건 줄 알았어요. 그런데 아니었어요. 내년에 학교에서도 코딩 수업이 시작되거든요. 예전에는 '내가 프로그래머가 될 것도 아닌데 왜 이 수업을 들어야 하지.'라고 생각했었는데 너무 재미있어서 더 배우고 싶어졌어요.

사교육을 통해 코딩을 배웠던 아이들의 PISA 지수도 올랐다. 기존 학교에서 배운 것과는 달랐다는 평이다.

모니터로만 하다가 직접 실행이 되는 과제를 하니까 정말 재밌었어요. 뭔가 만들어낸다는 뿌듯함이 있는 거예요. '코딩이 현실 생활과 연결이 되는구나.'라는 게 느껴졌어요. 체험을 통해서 배우니까 여러 가지 응용 방법도 생각나고요.

코딩 수업에서 일어난 변화
— 디지털 네이티브 본색

성적은 우수했지만 PISA 지수는 낮았던 A는 특히 미래학교에 들어오기 전 배우지 않은 과목에 대해서는 자신감이 부족했다. 코딩이 대표적이었다. A는 자신의 우수한 성적에 대해 "이미 배운 거니까."라는 말로 평가절하 하는 버릇이 있었다. 처음 지원 면접 때부터 그랬다.

수업 중에 못 알아듣는 건 없으니까 잘한다고들 해요. 그런데 저는 그 말에 동의하지 않아요. '지금 당장 다른 아이들보다는 잘한다.' 정도지, 저도 모든 걸 다 아는 건 아니거든요.

아이는 말을 흐렸다. 사교육으로 진도를 먼저 나가다 보니 수업 시간에도 재미가 없다고 했다. 아이는 학교를 '진학을 위한 징검다리'라고 표현했다. 하지만 학과 공부가 아닌 부분에서는 무척 적극적이었다.

아이는 디지털 네이티브답게 인터넷을 적극적으로 활용했다. 학교 밴드에서 기타를 연주하는데 인터넷을 통해 배운 것이라고 했다. 오히려 자신에게 필요한 부분만 배울 수 있으니 흥미도 생기고 자신감도 얻었다고 했다. 아이는 학과 공부 외에는 능동적으로 자료를 찾고 학습하는 데 익숙했다. 탁구에도 자신감을 드러냈는데 자신만의 학습법을 찾아냈기 때문인 것으로 보였다.

그런 A의 코딩 PISA 지수가 눈에 띄게 올라간 것 역시 자발성이었다. 수업 이후 아이는 인터넷을 통해 자료를 찾기 시작했다. 불과 세 시간 남짓 배운 코딩을 이용해 악기를 만들어보고 싶다고 했다. 어렵다는 말을 반복하면서도 아이는 계속 시도했다. 아이가 혼자 시도와 실패를 거듭하면서 배운 것은 단순히 코딩이 아니라, 자신의 학습 능력에 대한 자신감이었다.

저는 학교에서 발표를 잘 안 하는 편이에요. '학교 공부에는 딱 답이 정해져 있다.'라는 생각이 들어서요. 교과서 외의 의견을 말했다가 놀림을 당한 적이 있어서 더 소극적이 된 것 같아요. 그런데 코딩은 다르더라고요. 정말 여러 가지 해법이 존재하니까요. 꼭 배운 대로 할 필요가 없는 거죠.

선행학습과 사교육을 시키는 학부모들은 흔히 '아이가 또래에 비해 뒤처질까 봐.'라고 그 이유를 댄다. 코딩 또한 외국어처럼 유창하게 익히려면 특정 시기가 있다는 걱정을 하기도 한다. 하지만 수많은 코딩 언어가 존재하는 현재, 선행학습은 특별히 이점이 되지 않았다. 아이들은 시도와 실패를 통해 흥미와 자신감을 키워나갔다. 선생님의 전통적인 수업, 즉 칠판 앞에서의 설명 및 원리 해설 등이 가장 적었음에도 불구하고 코딩 수업에 대한 PISA 지수는 높았다.

코딩 수업 시간에 생긴 일
—수학 열등생, 코딩 우등생 그 비밀은?

첫 수업부터 정보^{코딩} 선생님을 놀라게 한 블록코딩 우등생들이 있었다. 미래학교 제작진 역시 '수학=코딩'이라고 여겼기 때문에 당연히 수학 우등생인 A, B, C 가운데 한 명 혹은 코딩 경시대회 수상자인 G일 것이라고 생각했다. 하지만 예상은 빗나갔다. 지면성적을 보지 않은 상태에서 선생님이 코딩 우등생으로 꼽은 아이들은 최고점자가 아닌 I와 J였다.

	코딩 성적	코딩 교육 유무
A	7	
B	7	유
C	10	유
D	9	유
E	6	유
F	6	
G	10	유
H	6	
I	7	유
J	4	
K	3	
L	3	

마이크로비트 링비트카

I의 경우 중학교 1학기 동안 기본 블록코딩을 배운 적이 있다고 했지만 고급 컴퓨터언어는 다루지 못했다. J는 아예 코딩을 배운 적이 없었다. 정보 교사가 두 아이를 눈여겨본 이유는 무엇이었을까? 바로 아이들의 창의적인 문제 해결 능력 때문이었다.

I는 아직 배우지 않은 블록을 다양하게 시도하는 경향을 보였다. 예를 들어 '자동차의 전진'을 주제로 한 과제를 내주면 잠깐의 틈을 이용해 후진과 회전까지 시도하는 식이다. 원리를 파악하면 곧장 응용에까지 호기심을 보였고 대부분 성공할 정도로 정확한 순서도를 만들어냈다. 미래학교의 코딩 수업에서 창의적인 질문을 가장 많이 한 학생도 I였다.

J의 경우 정확도가 떨어진 반면 응용력은 매우 뛰어났다. 일단 작동 원리

를 파악하면 동일 원리를 이용해 구현할 수 있는 동작을 생각해냈다. 창의력의 기본 요소 중 하나다. J가 코딩에서 얻은 흥미와 자신감은 다른 과목으로도 이어졌다.

수학이 코딩하고 연결이 되더라고요. 문제 푸는 방식이 비슷해요.

아이는 자신만의 방식으로 수업에 대한 흥미를 키워나가고 있었다. 은박지와 스피커를 연결해 소리가 나는 코딩을 배운 날, 아이는 허공을 쳐다보며 생각에 잠겨 있었다.

이 코딩을 이용해 악기도 만들 수 있지 않을까요? 피아노나 기타, 어떤 악기든 다 가능할 것 같은데요.

그날 아이는 밤늦게까지 컴퓨터에 매달렸다. 이후로도 '아직 만족할 수준은 아니다.'라고 말하며 기타를 만드는 프로젝트를 계속했다. 아이는 수업 시간에 배운 것을 그대로 받아들이는 데 그치지 않고, 그 과정에서 떠오르는 아이디어가 가지를 치고 뻗어나가는 과정을 즐기기 시작했다.

저는 제 창의력이 학교에서 배우는 일반 과목과는 맞지 않다는 편견을 갖고 있었어요. 그런데 그 창의력을 다른 과목에서 적용시키는 게 가능하다는 생각이 들기 시작했어요.

3 디지털 시대의 수업 디자인 ─ 과학

첨단 기기의 효과를 더하는 수업

첨단 디지털 기기나 A.I.는 미래에 더 큰 힘을 발휘할 것이다. 각 학생에게 맞는 수준의 문제를 내 맞춤수업이 가능해지는가 하면, 모두에게 동일한 수준의 과제를 냄으로써 서로 간 실력 차이를 좁힐 수 있다. 특히 이전에는 글이나 그림으로만 접해야 했던 세포 단위의 관찰도 가능해졌다. "이게 미토콘드리아에요. 이 고리 모양을 한번 확대해볼까요?" 선생님의 말에 증강현실 세트를 쓴 아이들은 저마다 손을 뻗었다. 교과서의 작은 삽화에서나 보던 미토콘드리아의 모습이 과학 교실을 떠다녔다. 아이들이 손을 움직일 때마다 확대되기도 하고 회전하기도 한다. 아이들은 한참 동안 기기를 벗지 않았다.

진짜 인체 속을 여행하는 거 같아요. 세포핵도 보고 미토콘드리아도 보고.

AR Augmented Reality: 증강현실 기반의 학습 교구는 미래의 학교에서 더욱 적극적으로 이용될 것으로 보인다. 전자현미경이라는 드문 장비가 있어야만 가능했던 생생한 수업도 미래에는 가능해지는 것이다. 이미 우리나라에 도입된 디지털 교과서도 긍정적인 역할을 하고 있다. 특히 대표적 미래 역량인 의사소통 능력, 자신감, 동기, 창의력 등이 크게 늘어났다. 단, 단순히 새로운 교과서의 도입이 아닌, 이를 통한 혁신적인 형태의 수업 디자인이 중요하다.

홀로렌즈 및 증강현실을 이용한 생물 유전자 수업

초·중학교에서 우수한 성적을 거둔 학생들이 치열한 경쟁을 거쳐 입학하지만 학년이 올라갈수록 학습 목표는 같아집니다. '다른 반 친구가 배운 것을 우리에게도 그대로 가르쳐달라.'와 '내신이건 입시에서건 같은 시험을 치러야 한다.'는 식이죠. 그러다 보니 저도 똑같은 수업을 반복할 수밖에 없어요. 교과서가 어떻게 바뀌건 학습 목표가 같은 한 학교는 변하지 않아요. 어느 학교나 어느 교사나 똑같은 내용을 가르치게 되죠.

AR 기기 수업 이후, 아이들은 한동안 들떴지만 과학에 대한 PISA 지수가 올라가지는 않았다. 대신 디지털 교과서를 이용한 여러 수업 디자인이 소개됐다. 가장 효과적이었던 것은 과학 선생님이 제시한 '또래수업'이었다. 과학 선생님은 수업 시간에 아이들이 몰려갔다 흩어지는 모습을 바라보고 있다. 학생이 특정 주제의 전문가가 되어 친구에게 설명하고 동료 전문가의 설명으로 다음 주제를 공부하는 순서로 흘러가는 협동학습이다. 협동심을 키우는 것만이 목적이 아니다. 소리를 내서 누군가를 가르치다 보면 아는 것과 모르는 것을 구분하는 메타인지가 발달한다.

실제로 선생님이 교단에서 비켜서자 아이들의 질문이 쏟아졌다. 친구를 가르치다 갑자기 말문이 막히는 경험을 하게 된 것이다. "수업 시간에 질문을 하지 않는 건 모르는 게 없어서다."라고 말했던 B는 처음으로 선생님을 찾아가 수업 내용에 대해 진지한 질문을 던졌다. "혹시 친구한테 잘못 설명했을까 걱정이 돼서요." 그렇게 쑥스럽게 시작된 질문은 꽤 오랫동안 이어졌다.

우리나라에 도입된 디지털 교과서는 텍스트와 함께 동영상, 가상현실(VR), 멀티미디어 기능을 통해 효과적인 교육을 목표로 한다.

디지털 교과서 활용에 따른 학생 역량 변화 (5점 척도)					사전	사후
의사소통능력	협업능력	정보활용능력	문제해결능력	창의성 및 혁신능력		
3.84 | 3.99	3.75 | 3.95	3.67 | 3.94	3.78 | 3.92	3.56 | 3.80		
비판적 사고력	학습자신감	학습동기	수업태도	자기주도적 학습능력		
3.54 | 3.80	3.64 | 3.80	3.66 | 3.77	3.62 | 3.76	3.51 | 3.69		

자료: 한국교육학술정보원

미래학교 초기부터 메타인지가 뛰어난 것으로 분석됐던 E의 비결도 공개됐다. E는 선생님 못지않은 전달력을 보여줬는데, 이런 역할 놀이가 처음

또래수업

이 아니라고 했다. 시험을 앞두고 초조해질 때면 긴장을 풀기 위해 생각해낸 방법, 바로 '모의수업' 덕분이었다. E의 모의수업은 가족을 앞에 두고 자신이 공부한 내용을 칠판에 적어가며 가르치는 것이다.

모의수업을 하다 보면 수업 시간에 선생님이 강조하던 것도 새록새록 기억이 나곤 합니다. 부모님의 질문에 답하다가 말이 막힐 때도 있는데, 딱 그 부분이 제가 제대로 모르고 넘어간 지점이더라고요. 모의수업의 효과가 뛰어나다는 확신이 생긴 후에는 모의토론도 종종 진행하곤 합니다.

실제로 많은 전문가들은 메타인지를 가장 효과적으로 발달시킬 수 있는 방법으로 모의수업을 강조한다. 부모가 일방적으로 가르치는 것보다 전혀 모르는 내용이라도 경청해주는 것이 더 효과적이라는 설명이다.

질문과 메타인지

미래학교의 디지털 플랫폼을 이용한 수업 디자인의 일환으로 아이들은 과학 시간에 간단한 과제를 받아들었다. 두 가지 질문이었다.

① 오늘 수업에서 새롭게 배운 것은 무엇인가요?
② 오늘 수업에서 궁금한 것은 무엇인가요? 질문을 만들어보세요.

아이들은 ①에 대해서는 대부분 과제를 제출했다. 복습 겸 메모를 만든 경우가 다반사였다. 하지만 ②에 대해서는 제출 직전까지 고민을 거듭했다. 차라리 연습문제를 푸는 것이 낫겠다는 반응도 있었다.

다음은 미래학교 초기 아이들의 질문이다.

What is Nucleotide, Allele, Heterozygous, and Homozygous?　→ 이해
Why are animals look similar?　→ 추론

배운 내용에서 생소한 과학 용어에 대해 묻는 질문이었다. 반면 배운 내

용을 토대로 새로운 것을 추론하는 질문은 드물었다. 전문가들은 A.I.가 할 수 없는 인간 교사의 역할을 '질문에 대한 대답'이라고 정의했다.

> 반 전체를 대상으로 '혹시 질문이 있느냐'고 하면 아이들은 입을 다물죠. 그런데 그 침묵을 '다 이해했다'라고 해석하면 안 되더라고요. 학생들이 아는 것과 모르는 걸 깨달을 수 있는, 즉 메타인식을 키우는 제일 좋은 방법은 선생님에게 질문을 하는 거죠. 답을 스스로 찾는 과정을 한 번은 반드시 거쳐야 하고요.

대부분의 학교에서는 수업의 흐름이 끊기기 때문에 아이들이 스스로 답을 찾아가기까지 기다려주기 어렵다. 하지만 미래 교실의 디지털 기술을 이용하면 24시간 교사와의 쌍방향 소통이 가능하기 때문에 이러한 커리큘럼이 적용될 수 있다. 교사가 수업 시간이 아닐 때에도 아이들에게 지식을 전해주는 장면이 더 이상 머지않았음을 실감할 수 있었다.

수많은 질의응답 끝에 미래학교의 과학 교과서는 네 과목 중 가장 방대한 분량을 담게 됐다. 학생 개개인마다 다양한 멀티미디어와 논문이 추가됐기 때문이다. 본격적인 수업 시작에 앞서 우선 큐레이션 콘텐츠를 목적에 따라 분류하고 배포하는 일이 진행됐다. 예를 들어 화학과의 관련성 질문을 올린 A에게는 생물학을 바탕으로 한 화학 노벨상 관련 연구 자료가 첨가되고, 돌연변이에 대해 질문을 올린 F에게는 관련 기사와 다큐멘터리를 추가해주는 식이었다. 이런 큐레이션은 어떤 변화를 가져왔을까?

아이들은 내용을 잘 이해할수록 질문을 만드는 것이 쉬워졌다고 말했다.

처음에는 어떻게 질문을 만들라는 건지 이해를 못했어요. 수업 시간에 잘 알려주셨잖아요. 그래서 아주 간단한 질문만 하게 됐죠. 그런데 제 질문과 관련된 첨부 자료를 공부하다 보니 이해하지 못한 부분이 명확하게 보이고, 자연스럽게 관련 질문을 만들 수 있었습니다.

아이들이 미래학교에서 한 신기한 경험은 또 있었다.

선생님께서 제 질문에 대해 100점을 주셨습니다. 현대 과학에선 해결 못하는 질문이지만 창의적이라는 첨언과 함께요. 기분이 정말 좋았습니다.

아이들의 질문은 '지식 이해 ― 추론 ― 분석'의 3단계로 올라갔다. 일곱 차례의 질문이 오가는가 하면, 선생님의 대답에 반박을 하는 학생도 생겨날 정도로 온라인상의 토론은 치열해졌다. 가장 괄목할 만한 성장을 보인 학생은 F였다. F는 '만점을 받아야만 공부한 보람을 느낀다.'던 학생이었다. F의 디지털 교과서를 살펴본 선생님은 깜짝 놀랄 수밖에 없었다. 100여 장이 넘는 논문에 빼곡한 메모와 주석이 달려 있던 것이다. 모두 이해한 것은 아니라고 겸손해하면서도 F는 과학 수업을 통해 공부라는 것에 대한 정의를 다시 내렸다고 한다.

무분별한 경쟁만 하다 보니까 아무것도 이해하지 못한 채 지나친 게 많았더라고요. 미래학교를 통해 공부란 '얼마나 많이 배웠는가'가 아니라, '얼마나 제대로 배웠는지'가 중요한 거라는 걸 깨달았어요.

4 미래 학교

교실의 경계를 허물다 —

사회

융합교과의
중심에 서다

미래학교는 언뜻 STEM 과학, 기술, 공학, 수학 과목 위주처럼 보인다. 하지만 실세 이 모든 과목을 결합하는 접착제와 같은 역할을 하는 과목은 사회(경제)였다. 12명 아이들의 사회 과목에 대한 PISA 지수는 독특한 양상을 보였다. 흥미는 낮지만 자신감은 가장 높은 과목으로 꼽힌 것이다. 아이들의 반응도 비슷했다.

> 암기 과목이라 재미있다고 생각하지는 않지만, 공부를 별로 안 해도 점수는 잘 나오는 과목이에요.

그런데 사회 과목은 정말 암기 과목일까? 최근 각광받는 융합수업(주제통합수업, 문제중심수업)의 예를 들어보자.

지역의 물 보존 해결 방안(사회: 데이터 분석, 보고서 작성, 지역사회 조사)		
수학	정보(코딩)	과학
데이터 계산, 수식화	수자원을 발견, 운반, 사용, 폐기 시뮬레이션 프로그램 제작	오염 수자원의 친환경적 폐기 방법

사회문제 해결의 필요성에 따라 수학 커리큘럼이 이용되고 코딩이 만들

사회 수업 발표 시간

어진다. 과학적이고 합리적인 해결책을 위해 과학이 동원되는 모양새다. 교과서 내의 지식이 아닌 문제 해결력을 키우는 교육이 융합교과의 중심으로 등장하고 있는 것이다.

교과서 밖 현장을 마주하다

4개국에서 온 12명의 아이들이 경기도 최대 규모의 전통시장을 방문했다. 전통시장을 돌아다니는 아이들은 현재 학교 밖에 있지만 동시에 미래학교의 플랫폼을 통해 학교와 연결돼 있었다.

재화와 서비스를 사고파는 곳, 시장에 왔어요. 이곳에서 여러분의 프로젝트가 시작됩니다. 각자 무역인이 돼서 이곳에서 수출입 대상 상품을 선택하세요. 3개국 어느 곳이든 좋습니다.

선생님의 말과 함께 아이들의 스마트폰이 일제히 울렸다. 프로젝트 마감일과 조건 등이 적힌 문서였다. 시장 답사와 팀원 조합까지 오랜 고심 끝에 만든 프로젝트였다. 가상현실로 전 세계를 방문할 수 있는 미래에 군이 현장을 선택한 이유가 확인되는 순간이었다.

인터넷의 발달로 수업, 검색, 피드백 등 교육 일련의 과정이 꼭 학교라는 공간에서 이뤄질 필요가 없어졌어요. 이 프로젝트는 여러 가지 목적이 있는데요. 디지털 기기를 이용한 검색, 촬영, 자료 수집, 나아가 퍼블리시까지 이용할 수 있는 능력이 중요해진 현대사회에서 학생들이 자연스럽게 그 활용법을 익히는 것입니다.

아이들의 시장 탐방이 시작됐다. 과제를 뒤로한 채 각자의 관심사에 따라 옷이나 장신구, 먹거리를 찾아가기도 했지만 곧 진지한 태도로 프로젝트에 임했다. 상인들에게 가격을 묻기도 하고 원산지를 확인하는 등 서로 합의해가며 프로젝트를 진행하는 모습이 사뭇 진지하기까지 했다.

선생님들은 학생들의 질문에 대해서만 답을 해줬다. 12명의 학생 중 가장 활발한 활동을 보인 것은 높은 성적에도 불구하고 PISA 지수가 낮았던 A였다.

수출입을 주제로 한 사회 수업의 일환으로, 수원의 영통시장을 방문해 현장학습을 하고 있는 아이들

수업에서 공급과 수요를 배울 때 선생님이 피자와 축구공 등 실생활 속 예를 많이 들어주셨어요. 그때까지 저는 실생활과의 연결점을 찾지 못하고 있었습니다. 그냥 영혼 없이 수업을 들었던 거죠. 그런데 시장에서 원래 가격을 지우고 할인 가격을 써놓은 걸 보고, 수업 때 배운 공급초과가 뭔지 깨닫게 됐습니다. 살아 있는 교육 현장인 셈이죠.

사회 PISA 지수가 최하였던 B, '물건을 구입해본 경험이 없다.'던 학생 역시 활기를 띠었다.

저는 수학 외에는 관심이 없었어요. 그런데 시장에서 경제학이 수학과 깊은 관련이 있다는 걸 깨달았어요. 관심이 가더라고요. 이번 프로젝트도 경제학적으로 설득력 있게 만들고 싶어요.

12명 중 성적과 PISA 지수 모두 제일 낮았던 K. '공부 못하는 아이'라고 자칭하던 K였지만 사회 성적은 만점에 가까웠다. 4인 3조에는 각각 K를 비롯한 사회 성적 우수자들이 한 명씩 배치돼 있었다. K는 한국어를 모르는 외국인 조원들을 위해 적극적으로 통역에 나섰다. K의 조는 한국 상품을 인도로 수출하기로 결정했는데, 그 과정에서 또래의 관심사인 의류, 패션물품 등에 주의력이 흩어지는 조원들을 다독인 것도 역시 그였다.

성적 우수자라고 해서 수행평가 프로젝트에서 주도적인 역할을 할 수 있는 건 아니었다. 수출입 관련 대체제와 원산지 확인의 필요성을 알고 있던 한 학생은 자신의 조원들이 간과했던 부분을 지적하기도 했다.

원산지를 반드시 확인해야 해. 이건 중국산이네. 그럼 중국에서 수입하는 편이 훨씬 낫지. 게다가 중국 원산지인 공산품은 우리나라 시장에도 많아.

미래학교의 프로젝트는 학생들이 자율적으로 역할 배분, 시간 배정을 해서 협력해야 하는 과제였다. 그렇게 성적 우수자 C에게 첫 위기가 찾아왔다.

미래 역량은
성적순이 아니에요

C가 미래학교에 참여하게 된 것은 부모의 강력한 권유 때문이었다. C의 일과는 듣기만 해도 숨 가쁠 정도로 빡빡했다. 학교와 학원으로 바쁘게 이어지는 일정은 물론 씻는 시간까지 정해져 있다고 한다. 그렇게 규칙적으로 움직여야만 욕심껏 공부를 마칠 수 있다는 설명이다. 아이의 공부 욕심이 대견하면서도 부모가 걱정하는 부분이 있었다. 아이가 가끔씩 보여주는 소극성이었다.

학교에서 칭찬만 받는 아이죠. 그러다 보니 새로운 것에 대해서 두려움을 느낀다고 할까요. 자기가 못할 것 같은 건 아예 시도조차 하지 않아요.

실제로 C는 팀별 과제나 모둠활동에 대해 부정적이었다. 다른 아이들이 수업 내용을 이해하기까지 기다리는 시간이 아깝다는 생각도 종종 한다고 했다. 아이들의 말을 듣고 있다가 마지막에 정리하는 게 자신을 위해서도 조별 점수를 위해서도 이득이라는 생각에는 변함이 없었다. C에게 있어 팀별 과제나 모둠활동은 협력이 아닌 인내의 시간이었다.

제 의견대로 하는 게 수행평가 점수가 제일 잘 나와요. 친구들도 아니까 별말 안 하죠. 동영상 편집이나 PPT 작업도 제가 하면 빨리 끝나니까요.

그런데 미래학교에서 C가 처음으로 부딪힌 장애물은 영어였다. 개별 과제는 충실하게 제출했지만 영어로 의견을 내야 할 때마다 입을 다물었다. 조원들이 모인 자리에서 C는 처음으로 입을 열었다. C를 도와준 것은 뜻밖에도 H였다.

너는 PPT를 정말 잘하는구나. 그럼 너는 PPT를 만드는 게 어때? 나는 영어를 잘하니까 문장을 쓸게.

각 조마다 의견 수렴을 맡고 나서는 학생이 한 명씩 있었다. 우연인지 모두 싱가포르에서 온 친구들이었다. 그 학생들은 친구와의 의견 교환은 너무 당연하다는 반응을 보였다. 싱가포르에서는 보편적인 수업 방식인 '공동작업' 덕분이었다.

{ 싱가포르 학생에게서 듣는 협력학습 }

선생님께서 오늘 어느 부분을 배운다고 말씀해주시면 그 내용을 읽고 컴퓨터로 관련 조사를 합니다. 보통 2인 1조로 학습이 이뤄집니다. 친구와 함께 찾은 자료를 보면서 우리만의 지식을 가지기 시작하죠. 그 지식을 분류해서 다 기록하고 나서 선생님께 보여드립니다. 선생님께서 검토를 하신 후에야 강의가 시작되죠. 자발적으로 공부를 했기 때문에 아이들의 이해가 한결 쉬워집니다.

싱가포르의 학습 플랫폼

싱가포르 교육부가 관리하는 SLS(Student Learning Space: 초등학교부터 전문대까지 전 과목 학습 자료 제공. 교사들의 즉각적인 피드백을 받을 수 있는 플랫폼)가 있습니다.

과학 관련 플랫폼 KF Knowlege Forum

SLS로는 교사들이 내준 과제를 작성하고 온라인으로 제출해 채점을 받습니다. 집에서 시험공부를 할 때 많이 쓰게 되고요. KF에서는 주로 과학에 관련해서 교사와 학생들이 모여 아이디어를 나누고 함께 공부를 합니다.

협력과 소통,
두 마리 토끼를 잡다

학교가 끝난 후 조별 발표를 위해 모인 아이들은 누구도 무임승차자가 되기를 원하지 않았다. 역시 협력에 익숙한 싱가포르 학생 두 명이 팀을 이끌어가는 모습을 보였다. 특히 영어로 말하는 데 문제가 있는 한국 학생의 의사소통을 돕는 등 적극적이었다. 일주일간의 팀 작업 이후 가장 큰 변화를 보인 것은 C였다.

> 학교에서는 제가 싫은 건 하지 않으면 그만이었어요. 이를테면 의견 나누기, 영어로 말하기 같은 거요. 그런데 미래학교에서는 그럴 수 없었어요. 그런데 하다보니까 팀 작업이 재미있다는 생각이 들어서 적극적으로 참여하게 됐습니다.

아이들은 디지털 네이티브만의 방식으로 언어 장벽을 극복해냈다. 미래학교의 교과서와 학습 자료가 올라오는 플랫폼 등 디지털 네이티브들의 소통 흔적을 따라가봤다. C가 쓴 글은 모두 영어로 작성돼 있었다. 한국어가 허락된 시험 답안도 마찬가지였다. 과제에 관한 짧막한 질문 하나까지도 모두 영어를 썼다.

> 말하는 건 아직 어렵지만, 쓰는 건 천천히 시간을 두고 쓰면 되니까요 앞으로 원활한 팀 작업을 위해 나름대로 영어 공부를 하려고 노력하고 있습니다.

시장 방문을 마치고 무역 프로젝트 발표를 위해 디지털 네이티브들이 인터넷 공간에 모였다. 팀별로 의견 교환을 시작하자 미래학교 대화창이 떠들썩해졌다. 가장 활발한 것은 역시 한국 학생 G였다. 인사로 시작해 자신이 생각하는 무역 아이템을 제시하고 팀원들의 의견을 물었다. G의 원활한 소통의 비결은 '구글 번역기'였다. 아이들의 디지털 교과서에는 새로운 챕터가 추가돼 있었다. 10대들이 주로 사용하는 단축어 번역기로, 친구들과 보다 잘 소통하기 위한 것이었다. 이런 과정을 통해 C와 G의 영어 실력은 미래학교 2주간 놀라울 만큼 좋아졌다.

{ 디지털 네이티브의 학습법을 바라보는 두 개의 시선 }

학생들은 컴퓨터 모니터에 띄워진 문서를 읽은 후 30문항의 일반상식을 푸는 문제를 받았다. 시험 전에 감독관은 **"당신이 작성한 30개의 문제와 답은 각각 ○○폴더, ○○폴더 등 다섯 개의 폴더에 저장될 것이다."**라고 폴더명을 알렸다. 제출 후 학생들에게 어떤 답안을 작성했는지 떠올려보라고 하자 학생들은 자신들이 작성한 답 중 4분의 1 정도밖에는 기억하지 못했다. 이번엔 질문을 바꿔보았다. **"그 문제가 어떤 폴더에 저장되어 있죠?"** 놀랍게도 학생 절반가량이 폴더명을 기억해냈다.

이 실험 결과를 보는 두 가지 시선이 있다. 하나는 언제든지 정보를 찾을 수 있다는 가능성 — 모든 정보가 클릭 몇 번으로 해결되는 — 때문에 인간의 기억력이 현저하게 떨어진다는 우려다. 일본 홋카이도 대학은 열 명 중 한 명의 성인이 연령 대비 기억력 저하가 일어나고 있다는 연구 결과를 발표했다. 연구자는 이를 통해 "오늘날 젊은이들은 멍청해지고 있다. 그들은 새로운 일을 기억하거나 옛 정보를 회상하고, 중요한 정보와 중요하지 않은 정보를 구분하는 데 필요한 능력을 잃고 있다."라고 주장했다. '인터넷과 디지털 기기로 인해 인간의 뇌가 저하되고 있다.'는 관점이다.

하지만 두 번째 시선은 다르다. 인터넷 시대의 인간의 두뇌는 정보 자체가 아니라, 그 정보를 어디서 찾을 수 있는지를 더 잘 기억하도록 변화하고 있다는 긍정적인 관점이다. 실제로 연구를 진행한 심리학자 벳시 스패로우Betsy Sparrow 박사는 자신의 연구 결과가 학습에서 시사하는 점을 다음과 같이 정리했다.

어떤 상황에서건 무언가를 가르쳐야 한다면 암기보다는 아이디어와 생각하는 방식을 전달하는 데 중점을 둬야 합니다. 학습자들도 어떤 사실이나 정보보다는 이해를 위한 광범위한 질문들에 집중하게 되겠죠.

당신은 어떤 학습법을 선택할 것인가?

미래학교란 무엇이냐? 학습자들에게
권한을 주는 거죠.
학생에게 자율성을 주어 교실의 주체가 되게 하면
학생들은 더 열심히 공부하고,
자존감도 점점 높아질 겁니다.

PART

3

미래학교를
생 각 하 다

1 미래학교의

교사는

역할 전복,
교단에 선 학생

오늘 제 보조교사입니다.

싱가포르에서 온 디자인기술 선생님이 한 학생을 옆에 불러 세웠다. 1학년이지만 국제 대회에 참가한 드론 실력파라는 설명이 이어졌다.

학생 중에 전문가가 있으면 선생님은 당연히 학생에게 자리를 비켜줘야지요. 싱가포르에서는 선생님을 조력자facilitator로 생각합니다. 저는 오늘 한국에 모인 학생들에게 드론 코딩의 원리만 알려줄 겁니다. 한 번 비행에 여러 움직임을 제어해야 하는 미션을 준비했거든요.

드론 역시 블록 기반 프로그래머를 사용할 수 있다. 코딩의 원리를 응용해야 하는 과제다. 보조교사가 된 싱가포르 학생이 시범을 보였다. 언제나 활달하고 장난기 많던 옆자리 친구가 갑자기 의젓해지는 순간이었다.

한 번도 자신이 드론 전공자라는 말을 안 해서 전혀 눈치채지 못했습니다. 기분이 이상해요 친구가 갑자기 선생님이 되다니.

보통 2인 1조로 진행되는 '또래학습'과는 또 다른 방법이었다. 다른 학생

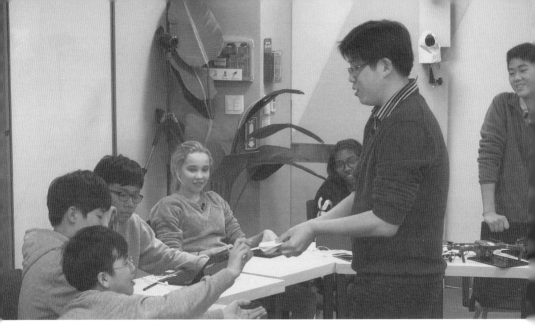

미래학교의 드론 수업

들에게 드론 코딩은 새로운 분야였기 때문이다. 하지만 드론 코딩에 정답은 없었다. 보조교사로 나선 학생은 자신 역시 비행 때마다 실패를 겪으면서 배운다고 말했다.

저는 드론 코딩의 원리만을 알고 있을 뿐, 이 공간의 비행 거리와 속도를 얼마로 조정해야 하는지 등은 이제부터 친구들과 함께 연구해봐야 합니다. 여기서 비행하는 건 처음이니까요. 야외로 나갈 때도 마찬가지에요. 장애물의 유무, 높이, 위치에 따라 코딩을 다르게 해야 하고 풍향, 풍속 등의 계산이 더 어려워요

다만 학습용으로 사용하는 기종의 드론은 선생님보다 학생이 더 경험이 많

고 능숙했다. 선생님을 능가하는 학생이 등장한 것이다. 선생님은 거리낌 없이 아이에게 도움을 요청했다. 선생님은 학생들을 두 팀으로 나누어 게임처럼 수업을 진행했다. 간략한 코딩 소개와 함께 학생들에게 미션을 전달한 것이다.

어떻게 하면 이 드론이 날아서 저 표적 위에 목표물을 투하하고 다시 제자리로 돌아올 수 있을까?

강의는 없었다. 그저 추락한 드론을 수거하러 돌아다니느라 분주한 아이들을 독려할 뿐이었다.

드론 수업에서
선생님이 된 학생

교사는 해답을 주는 존재가 아닙니다. 오히려 다른 질문들을 던져야 하죠. '어떻게 하면 이렇게 될 것 같아?', '그렇게 하는 게 맞는 것 같아?'와 같은 질문을 합니다. 저는 학습의 조력자가 되는 게 선생님의 진정한 역할이라고 생각합니다.

교실을 오가며 학생들의 질문에 답하는 행동이 미래의 교사 역할이 될 것이라는 예측도 있다. 그렇다면 미래학교에서 인간 교사의 역할은 어디까지일까?

A.I.가 강의하고 인간 교사가 디자인하는 수업

학교는 '교육을 하는 곳'이며 교사는 '지식을 알려주는 사람'이라는 사전적 정의는 분명하지만 앞으로 학생들이 학교에 가는 이유는 크게 달라질지 모르겠다. 실제로 많은 부모들은 학기 초에 이루어지는 학부모 상담에 대해 이렇게 말한다.

아직 성적도 안 나왔는데요. 시험도 안 본 상황인데 선생님이 아이를 뭘 가지고 평가하겠어요. 2학기에나 가봐야죠.

특목고처럼 꼭 진학하고 싶은 학교가 생긴다면 상의를 하고 생활기록부 작성을 부탁하겠지만 지금 당장은 그런 게 필요한 시기가 아니라서 굳이 가지는 않을 생각입니다.

일반적인 한국 중학교의 수업 모습

학습 상담 외에 딱히 나눌 얘기가 없다는 게 대부분 학부모의 입장이었다. 심지어 중학교에 진학하면서부터는 담임교사의 과목까지도 고려 대상이 된다.

> 아이의 담임 선생님이 주요 과목 담당이 아니더군요. 그러다 보니 학습 관련 상담은 할 게 없고, 수업 태도 정도만 이야기하다 오는 거죠. 나머지 주요 과목은 오히려 학원 선생님들과 상담하고 있습니다.

하지만 디지털 네이티브들은 교사의 역할에 대해 전혀 다른 정의를 내리고 있었다.

학교는 사회성을 배우는 곳이잖아요 또래부터 선생님에게까지. 무엇보다 학습에 대한 동기부여를 해주시는 게 바로 선생님이기 때문에 학교는 우리에게 꼭 필요한 공간이라고 생각합니다.

실제로 아이들의 학습은 현장과 각 가정에서 자습으로 채워졌다. 선생님과의 소통도 면대면Face-to-face보다는 플랫폼을 통해 이뤄졌다. 강의는 줄어들었지만 기술을 이용해 학습 효과를 극대화하는 수업 디자인은 더 정밀해진 것이다.

2 　　시험을

디자인하다

미래학교,
시험이 사라진다

A.I가 공존하는 2030년에도 우리는 지필고사를 고집할까? 교육학자들의 말을 들어보자.

> 현재의 지필시험은 미래엔 사라질 확률이 높습니다. A.I.가 아이들의 인지 정도를 확인하는 방법이 생긴다면 굳이 시험을 볼 필요가 없는 거죠. 이를테면 '아이가 어떤 학습행동을 했다.'라는 신체 신호가 있다면 그걸로 점수를 매기는 식이죠. 꼭 학교에 있을 필요도 없어요. 옷처럼 입을 수 있는 첨단 기기가 나와서 어디에 있든 학생의 지적 성장을 포착해 평가하는 거죠. 학생이 특정 지식 혹은 역량을 갖추기 위해 1년이 걸릴 수도 있고, 2년이 걸릴 수도 있는 거죠.

마치 공상과학소설 속 이야기처럼 들리지만 이미 상용화된 기술도 여럿이다. 눈동자를 인식하는 'Eye-Tracking'을 이용해 집중력을 평가하고, 답을 쓰기까지 시간과 번복 횟수를 통해 '실수', '추측', '정상' 등으로 분류하는 기술 등은 이미 에듀테크Edu-Tech 기업들에서 사용하고 있다. 앞으로는 어떤 지식 혹은 기술을 익혔을 때 발생하는 특정 뇌파를 측정해 학과 점수를 매길 수 있다는 예측이 있을 정도다.

얼굴, 음성, 단어, 맥박 등을 측정해 감정이나 진실성을 판단하고 두뇌의

시험이 사라진 미래학교. 새로운 형태의 팀별 평가 미션 '퀘스트'를 위한 팀 선정 과정

전전두엽 피질 여섯 곳에 대한 수준을 파악해 지원자의 성향과 성과를 분석하는 'A.I. 면접관'은 여러 기업에서 이미 도입했다. 그렇다면 이러한 기술력을 갖춘 A.I. 평가가 학교에 도입된다면 어떤 일이 벌어질까?

미래에는 현재처럼 점수가 매겨지진 않을 거예요. 인간 교사가 아닌 A.I.가 학업성취나 역량의 증거를 잡아낼 수 있는 새로운 기술이 개발되겠죠. 정해진 시간에 시험을 보는 게 아니라, 학생들이 학습하는 내내 학업성취도와 관련된 정확한 데이터를 모으는 거죠.

미래학교에서는 객관식 중심의 지필고사는 점점 사라질 것으로 보인다.

참고로 노르웨이에는 이미 전 과목에 걸쳐 객관식 시험이 없다. 성적표 대신 특정 역량을 기르는 과목을 수료했다는 E-프로필 형태가 될 것이란 예측도 있다. 이미 미국의 일부 학교에서 시행되는 시스템으로 과목명이나 학점이 사라진다는 것이다. 현재 교사들이 내리는 수행평가도 A.I.가 대신할 것이다. 그런데 여기서 한 가지 의문점이 생긴다. '과연 A.I.는 내 아이의 미래 역량을 정확히 평가해낼 수 있을까?'

A.I.가 평가한
내 아이의 미래 역량

수행평가의 계절인 5월이 되면 아이들에게 특별한 요구가 이어진다.

- ◆ 완벽할 필요는 없단다. 최선을 다해서 노력하는 게 중요해.
- ◆ 네 의견만 너무 앞세우지 말고 조율하는 모습을 보이렴.
- ◆ 정해진 답이 어딨니? 창의적인 생각은 없어?
- ◆ 타인과 협동하고 배려하는 게 중요하단다. 결과보다 더 중요한 건 과정이야.

'빨리, 정확하게, 실수 없는 만점이 중요하다.'며 훈련하던 학교와 학원에서 정반대의 요구를 하는 것이다. 수행평가에서 좋은 점수를 받으려면 적어도 5월 한 달은 위의 기준을 지켜야 하는 까닭이다.

EBS <미래학교>는 서울대 연구팀과 함께 미래 역량이라고 꼽히는 3C,

'협력, 소통, 창의성'을 데이터 분석으로 평가할 수 있는지 알아보기로 했다. 토론 중 발화 데이터를 수집·분석해 해당 역량을 수치화해보기로 했다. 학생들의 모든 말은 다음과 같은 기준에 따라 분류됐다.

학생 행동		
	활동	설명
1	주장하기	자신의 생각, 아이디어, 의견 등을 말한다.
2	질문하기	다른 학생에게 정보, 개념, 원인, 의견 등에 대해 질문한다.
3	동의하기	다른 학생의 발언에 동의한다.
4	정교화하기	다른 학생의 아이디어에 새로운 정보를 덧붙여서 말한다.
5	반대하기	다른 학생의 아이디어의 약점을 지적하거나 대안적인 관점을 제공한다.
6	조정하기	짝 활동이나 그룹 활동에 참여하지 않는 학생에게 발언 기회를 줌으로써 활동에 참여하도록 유도한다.
7	정서	감사 인사나 사과를 한다. / 감사 인사나 사과에 반응한다. 다른 학생의 감정을 이해하고 표현한다.
8	지원	다른 학생의 글에 대해 직접적으로 언급한다. 다른 학생의 질문에 응답한다.
9	화합	인사하는 말로 글을 시작한다. 이름을 부르며 상대 학생을 지칭한다.

관찰 방법은 다음과 같았다. 동일 주제의 각기 관점이 다른 기사를 읽고 → 내용을 팀원과 공유한 후 → 협력을 통해 토론 결과를 제출한다.

구분	생각	질문	그룹 활동 조정	사회정서	총합	군집
A	6	2	2	0	10	3
B	43	20	22	17	102	2
C	4	0	1	1	6	3
D	20	5	4	4	33	1
E	19	12	9	3	43	1
F	36	27	13	7	83	2
G	13	6	3	0	22	1
H	38	21	10	10	79	2
I	15	6	3	4	28	1
J	1	1	0	0	2	3
K	6	1	2	0	9	3
L	30	28	20	10	88	2
총합	231	129	89	56	505	

◆ 군집 1: 생각의 빈도만 조금 높고, 질문, 사회정서, 그룹 활동 조정 발화가 상대적으로 낮음.

◆ 군집 2: 생각과 질문의 빈도가 높고, 사회정서와 그룹 활동 조정 발화가 상대적으로 높음.

◆ 군집 3: 발화가 거의 없음.

A.I. 교사는 군집 1보다 군집 2가 협력성이 높다고 평가했고, 말을 거의 하지 않는 군집 C를 토론의 무임승차자로 판단했다. 그렇다면 토론 과정을 지

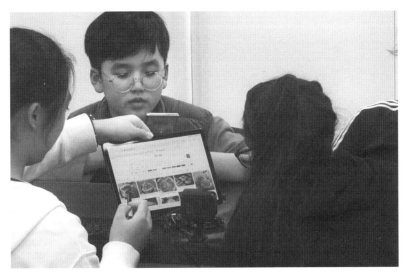
팀별 평가 미션을 위해 토론하는 아이들

켜본 인간 교사의 분석은 어땠을까? 놀랍게도 최하점을 받은 군집 3의 네 명은 모두 한국 학생들이었다.

이 두 한국 학생은 영어로 말하는 게 편하지 않으니 어쩔 수 없는 결과라고 생각합니다. 그런데 나머지 두 친구는 영어를 못하는 편은 아닌데 정작 의견을 잘 말하지 않네요. 저라면 영어가 편하지 않은 두 친구에겐 다시 기회를 주겠어요. 기사를 미리 읽고 준비를 해 오라고 한다든가 하는 식으로요. 지금 보면 기사 내용을 이해하지 못해서 미안해하는 게 눈에 보이거든요.

반면 인간 교사는 어떤 학생에게 최고 점수를 주었을까?

저는 발화의 양이나 특정 표현 사용보다는 그 질을 중요하게 봤습니다. 자신의 의견을 분명하게 전달하면서 팀원 모두의 의견을 두루 격려하는 한편 특히 영어가 부족한 한국 친구에게 한 번 더 확인하는 모습을 보인 학생에게 최고점을 줬습니다.

학생 개개인을 파악하려 노력하는 인간 교사와 단순 수치로 평가하는 A.I. 교사, 과연 어느 쪽이 더 공정할까?

A.I. 교사의 선택

Okay so what do we do? How should we do?(그룹 활동 조정)

Yeah what do you think?(질문)

Lend me your phone.

This is my phone. Why are you taking my phone?(질문)

Okay tell me tell me tell me. I'll take my notes.(그룹 활동 조정)

Can I? Thank you.(사회정서)

인간 교사의 선택

I can give both actually. I can type and give some feedback. Cool?
(그룹 활동 조정)

You mean we should explain it a little bit more?(질문)

특히 토론이 거듭될수록 특정 학생의 발언 수는 줄어들었는데, 이는 A.I. 교사의 입장에서는 '협력성이 떨어진다.'고 볼 수 있다. 하지만 현장을 지켜본 선생님은 다른 팀원들에게 발언 기회를 주는 모습을 목격할 수 있었다고 했다.

이후 다시 한 번 토론의 장을 마련했다. 다만 이번에는 토론 전 개인이 아니라 팀 평가가 이뤄진다는 점을 강조했다. 또한 팀원 네 명이 각각 다른 자료를 바탕으로 정보를 교환하고, 네 가지 읽기 자료의 견해가 모두 포함돼야 높은 점수를 받는다는 설명을 덧붙였다. 한 명이라도 토론에 참가하지 않으면 팀 전체 점수가 낮아지는 구조였다.

우리가 주목한 것은 네 명의 학생이었다. 영어 구사에 큰 문제가 없음에도 토론에 참여하지 않았던 한국 학생 두 명과 역시 참여가 저조했던 외국인 학생 두 명이다. 이들은 어떤 변화를 보여줬을까?

외국인 학생 S는 여전히 사회정서 발언이 적어 협력성은 높지 않지만 발화는 다소 늘어났다. T는 발화뿐 아니라 사회정서 발언이 크게 늘어났다. 한국 학생 Y의 변화는 특히 놀라웠다. 이전 토론에서는 전혀 대화에 참가하지 않았던 아이가 100배가 넘는 말을 쏟아낸 것이다. 역시 한국 학생인 J도 정서적인 발언은 부족했지만 참여도가 높아졌다.

구분	생각	질문	그룹 활동 조정	사회정서	총합
S	13	6	3	0	22
S	28	5	12	1	46
T	15	6	3	4	28
T	53	16	25	6	105
Y	6	1	2	0	9
Y	62	14	21	9	106
J	4	0	1	1	6
J	18	4	6	0	28

협력 지수가 최고는 아니었지만 아이들은 분명히 발전하고 있었다. S와 T의 말을 들어보자.

제가 읽은 게 꼭 포함돼야 한다는 것을 아니까 말을 안 할 수가 없었습니다. 예전에는 다른 아이들이 보고서를 잘 쓴 덕분에 제가 꼭 끼어들지 않아도 됐었거든요

Y의 말을 들어보자.

미래학교를 다니면서 영어 말하기가 좀 편해졌습니다. 팀에 피해를 끼칠 수 없다는 생각에 나름대로 열심히 공부를 했거든요

J는 해당 과정을 통해 팀 활동에 대한 생각이 바뀌었다고 말한다.

전 제가 잘하는 것만 하면 된다는 생각 때문에 토론에 참여하지 않았습니다. 저보다 다른 팀원들이 토론을 잘하니까요. 그런데 제가 읽은 자료를 포함해야 팀 점수가 올라간다는 전제가 생겼기에 저로서는 정말 최선을 다할 수밖에 없었습니다.

아이들은 팀에 자신의 역할이 꼭 필요하다는 걸 알자 더 협력하는 경향을 보였다. 흔히 생각하듯 다른 팀원에게 나의 몫을 전가하는 무임승차자가 되기를 원하지 않았던 것이다. 팀 활동에 적극적이지 않았던 이면에는 오히려 이타적인 이유도 있었다.

나보다 더 잘하는 사람이 있으면 굳이 나설 필요가 없다고 생각할 때가 많아요. 나 때문에 팀이 안 좋아질 수도 있잖아요. '괜히 내가 하겠다고 했다가 망치는 게 아닐까.'라는 걱정이 들기도 하죠.

반면 팀 활동 중 '협력'을 해야 한다는 건 알지만, 다른 팀원들 때문에 자신이 손해를 본다고 생각하는 학생도 있었다.

다른 친구들 때문에 진행이 늦춰지는 경우가 있어요. 그럴 때면 '나는 벌써 다 읽었는데 아직도 읽고 있네.', '나는 벌써 다 이해했는데 아직 헷갈려 하는구나.'라는 마음이 들죠. 물리적으로 시간이 걸리는 탓에 스스로 손해를 봤다고 생각할 때도 있는 게 사실입니다.

어떻게 하면 아이들에게 협력을 통해 얻을 수 있는 긍정적인 결과를 보여줄 수 있을까?

같이 더 멀리 가는 지도를 그리다

미래학교에서는 학생들이 또래와 협력하며 학습할 수 있는 수업을 고민했다. 12명의 학생들은 각자 본인에 대한 부정적인 생각을 하나씩은 가지고 있었다. 이는 크게 세 가지로 분류된다.

1) 저는 공부를 못하는 아이에요.

2) 저는 친구들하고 잘 못 어울려요.

3) 저는 특별히 잘하는 게 없어요. 너무 평범해요.

여러 가지를 겹쳐서 부정적으로 생각하는 아이도 있었다. 아이들은 미래학교에 다니면서 1)에 해당하는 학업 자신감을 조금씩 회복했다. 하지만 2)의 경우는 조금 더 복잡해졌다. 2-1) 표면적으로는 잘 지내지만 속마음을 털어놓을 만한 친구가 없는 경우, 2-2) 친구와 협력을 할 필요성을 느끼지 못하는 경우로 세분화된 것이다. 한편 3)은 다른 미래 역량을 인정하지 않았다.

12명의 학생들을 면밀하게 지켜봐온 선생님들이 파악해낸 아이들의 속마음이다.

1)의 사례

이 친구들은 '자신이 공부를 못한다.'고 여기는 경향이 있는데 시험을 거듭하면서 무기력해진 거예요. 시험을 한번 망치니까 그 다음부터는 시험 문제를 푸는 데 급급해서 본인의 능력을 발휘하지 못한 거죠. 그렇게 몇 번 하고 나면 '난 안돼.'라고 지레 포기해버리고는 합니다. 학습력이 뛰어남에도 불구하고요.

2)의 사례

단순히 훈련이 안 된 경우도 있지만, 성적이 뛰어난 친구들 중에는 친구와 협력하는 게 본인한테도 도움이 된다는 걸 모르는 아이들도 있습니다. 함께 해서 더 많은 걸 얻을 수 있다는 것을 경험하게 해줘야 해요.

이런 친구들은 또래학습에서 적극적이지 않을 때가 많아요. 친구들이 왜 못 알아듣는지 좀 답답해하기도 하고요. 하지만 그러한 과정을 통해 본인도 배우는 게 있다는 걸 알았으면 좋겠어요.

3)의 사례

독특한 방식으로 문제를 푸는 모습을 보고 '진짜 창의적이다.'라고 말했더니 그 아이가 '제가 공부를 못하니까 위로하시는 거죠.'라고 답하더라고요. 본인이 가진 능력이 얼마나 중요한 건지, 아이가 깨닫게 해주고 싶어요.

그렇게 미래학교에서는 전 과목에 걸쳐 미래 역량을 키우는 시험을 디자인하기로 했다. 1)의 아이들에겐 학업에 대한 자신감을 심어주고 2)의 학생들에게는 협력의 중요성을 느끼게 하고 3)의 경우 자신의 잠재력을 깨닫게 해준다는 각각의 목표도 정했다.

미래 역량을 평가하기 위한 시험은 즐겁다

또 시험을 봐요? 그런데 팀별로 시험을 본다는 게 무슨 말이에요?

아이들이 잠시 술렁였다. 태블릿에 시험 시간표가 공지됐다. 과목명 없이 단계별로 임무가 그려진 지도였다. 제일 먼저 전자 추첨을 통해 6인 2조를 선발했다. 코딩을 배운 적이 있던 학생들은 금세 문제를 파악해냈다.

이거 코딩 실기만 하는 거 같은데…… 이건 드론 문제일 거 같고, 이건 할 수 있겠다.

반대로 코딩을 처음 배운 친구들은 당황한 모습을 보였다.

내가 들어가는 팀이 질 텐데요 아직 코딩에 대해 잘 모르고 손이 느려서 제가 할 만한 게 안 보여요

하지만 시험 규칙은 아이들의 생각과 달랐다. 모든 단계는 전자 추첨으로 정해진 사람이 도전해야 했다. 옆에서 가르쳐줄 수는 있지만 직접 코딩에 손을 대지는 못한다. 첫 과제는 모두 함께 전자 추첨기를 만드는 것이었다. 모든 코딩 문제는 수업 시간에 배웠던 것에서 응용이 필요한 정도의 난이도였다.

새로운 형태의 시험에서 주요 평가 요소는 협동과 의사소통 과정, 새로운 아이디어

코딩 시험의 다음 단계에는 아이들이 싫어하는 '진짜 시험'도 있었다. 수학 선생님이 임무를 줬다.

지난 시험과 같은 문제예요. 팀원 전체가 만점을 맞아야 통과가 됩니다. 문제를 푸는 방법을 서로 가르쳐주는 것도 가능합니다.

두 팀 모두 첫 도전에 실패했다. 모두 수학 만점자가 있었지만, 자신이 만점인지 모르는 상태였기 때문에 혼란이 커졌다.

이게 지난번 시험이랑 같은 문제라고? 왜 기억이 안 나지?

그때도 이게 헷갈렸었는데, 이걸 내가 어떻게 풀었더라.

각 팀은 꽤 오랜 시간 동안 문제를 풀었지만 다른 팀원에게 도움을 요청하기를 꺼려했고, 결국 두 번째 도전도 실패했다. 세 번째 시도에서는 양 팀에서 한 명씩 수학 지도에 나섰다. 그 결과 두 팀 모두 만점을 기록했는데, 양쪽 모두 30분이 넘는 시간이 걸렸다. 하지만 절대 풀 수 없을 거라고 생각했던 수학 문제를 스스로 풀어낸 아이들은 사뭇 놀라워했다. 코딩 문제에서는 오히려 자신 없어 하던 아이들의 활약이 컸다. 한 차례만 드론 수업을 받았기에, 코딩에 능한 아이도 실수를 계속하는 상황에서 문제를 해결한 건 오히려 '내가 코딩 문제에 뽑히면 팀이 질 것 같다.'던 아이들이었다.

바람을 뚫고 정확한 지점에 드론을 착륙시켜야 하는 과제가 주어지자, 아이들은 스스로 전략적인 역할 분담에 나섰다. 코딩 지도 팀, 착륙이 실패할 경우를 대비한 드론 회수 팀 등으로 역할을 나눈 후 일사분란하게 움직였다. 특별히 리더 역할을 하는 학생이 없어도 물 흐르듯 협력이 이뤄졌다.

코딩 시험 문제 중 아이들이 가장 어려워했던 것은 의외로 난이도가 낮은 '장난감 자동차를 조립해서 직선 운행을 하라.'는 과제였다. 출제한 선생님도 생각하지 못한 변수가 있었다. 바닥이 미끄러워 장난감 자동차의 바퀴가 직선으로 나아가지 못한 것이다. 코딩에만 집중하던 아이들과 달리 이 변수를 잡아내고 '속도 조절'이란 방법을 찾아낸 건 오히려 코딩 초보자들이었다. 아이들이 교과서 안팎을 드나들며 자유롭게 사고하는 방법을 익힌 결과였다.

아이들은 코딩 단계와 과목의 시험을 오갔다. 사회와 과학 시험에선 이른 바 오픈-북 형식으로 공동 답안을 내야 했다. 머리를 맞대고 답안을 찾으며 토론이 이어졌다. 아이들은 과학 시험에서 여러 번 실패를 겪었는데, 문제점에 대한 답을 교재에서 유추해 찾아냈다. 코딩에 자신 없어 하던 학생들이 과제에 도전할 때, 다른 팀원들 역시 적극적으로 의견을 내고 응원을 보냈다. 한 시간 넘게 교실과 운동장을 뛰어다닌 후, 마지막 과제에서 간발의 차이로 승패가 갈렸다. 매 단계마다 조금씩 늦게 문제를 해결하던 팀이 코딩 문제에서 역전승을 이뤄낸 것이다. 하지만 양쪽 모두 팀원들의 협력에선 자신들의 승리라고 자부했다.

미래학교가 시험 목표로 설정한 것을 아이들은 모두 이뤄냈다

1) 자신이 공부를 못한다고 생각하던 아이들은 시험을 통해 자신에 대해 긍정적으로 생각하게 되었다.

오늘은 모두 다 각자 역할을 잘 해낸 거 같아요. 저는 한 가지를 특별히 잘하기보다는 모든 분야에서 조금씩 도움을 줄 수 있다는 걸 알게 됐어요.

미래학교에서 배운 내용이 모두 들어 있었어요. 한번에 복습을 한 느낌이에요. 무엇보다 친구들과의 협력을 통해 문제를 해결했다는 데 큰 점수를 주고 싶습니다.

미래 역량이 강조된 시험을 치르고 있는 아이들, 그 과정을 지켜보고 있는 선생님들

2) 협력성이 부족했던 아이들은 팀원들에게 감탄을 표시했다.

똘똘 뭉쳐서 과제를 했던 저희 팀이 협력에 있어서는 최고였다고 확신합니다. 또 제가 오늘 모두가 어려워하는 문제를 하나 풀어냈는데, 해당 과목에 대한 자신감이 쑥 높아진 느낌입니다.

제가 코딩 도전자가 됐을 때 당황했거든요. 다른 팀과 경쟁 중이고 저보다 코딩을 잘하는 친구가 많은데도 팀원들이 '넌 잘할 수 있어.'라며 격려하고 도와줘서 고마웠어요.

3) 자신이 너무 평범하다고 생각하던 아이는 오히려 팀의 리더 역할을 해냈다.

함께 문제를 해결하는 아이들

어떤 사람한테는 너무 쉬운 문제였겠지만, 저한테는 좀 어려운 문제도 있었어요. 그런데 팀원들은 제 의견을 잘 받아주더라고요. 코딩 문제를 풀 때도 제 의견을 받아들여서 해결했습니다. 팀 성공에 도움이 된 거 같아서 기뻐요.

아이들은 또래에게 배우고 또래를 가르치는 과정에서 협력의 강렬한 힘을 경험했다. 시험을 통해 오히려 자신에 대한 부정적인 인식의 전환을 경험하기도 했다. 이러한 경험이 쌓여 진정한 미래 역량이 키워지는 것은 아닐까. 이를 통해 미래학교의 성공을 어렴풋하게나마 확신할 수 있었다.

교과목 없는 시간의 비밀

미래학교 등교 첫날, 아이들이 처음 대한 사람은 영국인 담임교사였다. 그는 매일 아침 웃는 얼굴로 아이들을 반겨주었다. 그 선생님은 서울에 있는 외국인학교에서 드라마를 가르치고 있다. 그는 '아무것도 가르치지 않는 혹은 쓸데없는 걸 배우는 수업'에 도전하고 싶다며 미래학교의 문을 두드렸다.

제 수업은 미래 직업과는 아무 상관이 없죠. 제 수업을 듣는 학생의 99퍼센트가 배우가 되겠다고 수업을 듣는 건 아니에요. 그런데도 학생들은 제 수업을 듣죠. 교사와 학생 간, 학생과 학생 간의 상호작용을 할 수 있기 때문입니다. 그러한 과정에서 오해가 없는 소통이 나오고 창의성이 나옵니다. 학교에서

'쓸데없는 것'이라고 간과되는 수업에서 말입니다. EBS의 미래학교에서 드라마를 가르치지는 않을 겁니다. 그저 학생들을 중심에 놓을 거예요.

그는 처음 이틀 동안은 아이들끼리 서로를 알게 하기 위한 활동만을 진행했다. 이후 간략하게 일과를 전달하고 자유롭게 돌아가며 아이들의 안부를 물었다. 아이들은 과목조차 정해지지 않은 수업 시간 동안 핸드폰으로 게임 삼매경에 빠지기도 하고 웹툰을 보기도 했다. 물론 그에게도 고민은 있었다.

이러다가 미래학교가 '핸드폰 게임을 맘껏 할 수 있는 곳'으로 여겨질까 걱정이에요. 말려야 하나, 고민되네요.

하지만 바르지 못한 언어 사용, 신체 폭력 외에 모든 것이 허용되는 미래학교의 교칙은 계속됐다. 그렇게 며칠 후 아이들은 소통을 시작했다. 항상 태블릿에 그림을 그리던 학생이 첫 테이프를 끊었다. '그냥 평소 학교생활을 느낀 대로 그린 것뿐'이라고 손사래 치던 학생은 선생님의 권유에 자신이 그동안 그려온 그림을 친구들에게 소개했다.

이건 제 마음의 지도예요. 제가 기타를 좋아해요. 그리고 이건 수업에서 배운 걸 그림으로 표현한 거죠. 누가 화장실 간다고 얘기하기에 여기다 그것도 표시해놨는데……

그렇게 아이들은 자진해서 자습시간 발표에 나서기 시작했다. 수업 시간에 배운 코딩을 이용해 밤새워 피아노를 만들었다는 학생은 아이들의 감탄을 한 몸에 받았다. 주말이 되자 미래학교 친구들은 서로 의견을 모아 놀이공원 나들이에 나서기도 했다. 한 무리의 아이들은 동영상을 만들어 추억을 공유하는 데 열심이었다. 평소 외국인 학생들과 말을 섞지 못하던 한 아이는 영어 자막으로 마음을 알려 '미래의 유튜버'라는 찬사를 받기도 했다. 이처럼 다양한 방식을 통해 아이들의 온오프라인 소통은 점점 활발해졌다. 자신의 SNS를 미래학교 플랫폼에 올린 학생도 있었다. 권투 시합에 참가한 영상이 특히 인기를 끌었다. 소통이 활발해지자 아침마다 창가에 누워서 잠을 자던 아이의 비밀도 밝혀졌다.

제가 지금 프로그래밍 하나에 꽂혀 있어서 밤에 잠을 좀 못 잤어요.

프로그램이 완성되면 친구들에게 소개하겠다던 아이의 약속은 미래학교가 끝나기 직전에야 지켜졌다. 프로그래밍을 하는 친구들이 큰 관심을 보였지만 경쟁심은 없었다.

저랑 달라요. 전 상용 프로그램에만 관심이 있었는데, 이건 진짜 열정의 프로그래머예요. 인정해요

해커톤 평가. 아이들이 만든 마이크로비트 추첨기로 어느 팀이 먼저 주제를 정할지 결정하고
있다.

영국인 담임교사는 쓸데없이 무거운 규율과 교과목이 없는 시간이 미래
학교에서는 꼭 필요하다고 확신했다.

소통을 할 수 있는 시간이 있어서 오해가 생기지 않는 미래학교에서는 폭력
이 없을 거예요. 따돌림도 없죠. 이 과목은 인간만이 할 수 있죠. 미래학교를
미리 경험할 수 있었던 저는 운이 좋은 교사입니다.

3 미래학교,

디지털
네이티브가

깨닫게
해준
것

마인드맵으로
아이들의 뇌를 들여다보다

미래학교 첫날부터 끝나는 날까지 매일 계속된 수업이 있다. 자유로운 주제로 태블릿에 마인드맵*을 작성하는 것이다. 대학생이나 직장인들이 공부와 브레인스토밍에 많이 이용하는 방법이다. 미래학교 초기 아이들은 마인드맵

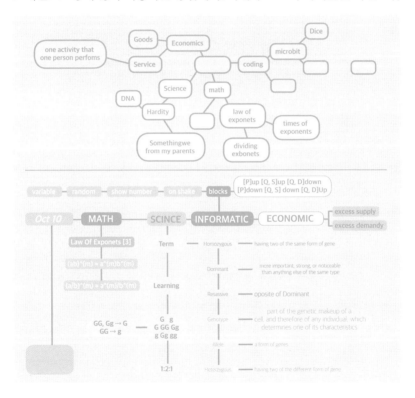

★ 마인드맵: 주제에 대한 생각과 정보들을 핵심 단어, 구절을 중심으로 지도로 그리면서 생각의 흐름과 구조를 연결함으로써 해결책을 찾아가는 기법.

을 복습 노트처럼 사용했다. 한 과목이 추가될 때마다 배운 내용도 추가되는 식이었다. 특히 흥미를 느낀 과목에는 거짓말처럼 여러 개의 원이 늘어나 있기도 했다.

'미래학교'라는 주제를 중심으로 과목별 분류를 마친 후 하위개념에 따라 다시 갈라지는 경우가 대부분이었다. 암기를 쉽게 하기 위해서 세부 사항을 표시하기도 했다. 영국인 담임교사와 함께 노르웨이에서 온 선생님이 아이들의 마인드맵 점검을 맡았다.

교과목 내용을 다 파악하지 않는 한 제가 뭔가 새로운 지식을 가르칠 수는 없어요. 아이들에게 '이걸 해결하는 데 제일 좋은 방법이 무엇일까.'라는 질문을 던지는 게 미래학교에서 선생님의 역할이라고 생각해요. '오늘 너의 마인드맵에는 어떤 내용을 추가하고 싶어?'라고만 물어도 아이들은 답을 찾아내죠. 미래학교의 선생님들은 '왜 그런 일이 일어났다고 생각하니?'라는 식으로 계속해서 아이가 스스로 생각하도록 유도해야 해요.

국내외 교사들이 다양하게 마인드맵을 점검하고 질문을 받으면서 아이들의 학습 진도는 물론 학습 스타일을 파악해 지도에 참고했다.

마인드맵을 보니까 굉장히 구조적으로 생각을 하더라고요. 왜 연결됐는지를 물어봤을 때 가장 논리적으로 설명을 한 아이였어요. 처음에는 용어가 익숙하지 않아서 수학을 굉장히 힘들어했던 거였고요. 이후 다양한 용어에 익숙

해지면서부터는 구조적으로 생각을 하면서 그 연결 관계를 파악하기 위해서
노력했고, 결국 좋은 성과를 거뒀죠. 해당 분야에서 탁월한 능력을 가진 학생
이었습니다.

미래학교 입학 1주일 만에 방대한 분량으로 선생님들을 놀라게 한 학생
도 있었다.

아이의 마인드맵에서는 특히 과학에 대한 성찰이 돋보였다. 수업의 내용
뿐 아니라 자신이 읽은 과학 관련 책과 동영상까지 모두 포함돼 있었다.

저는 마인드맵을 정리할 때 그냥 수업 시간을 떠올리면서 하지 않아요. 항상
'이것이 우리 생활과 어떻게 연결되는가?'를 스스로에게 물어보곤 하죠. 이게
가장 중요한 질문이라고 생각하기 때문이에요

미래학교 초기 아이들의 마인드맵은 선생님들에게 많은 생각을 하게 했
다. 마치 아이들의 머릿속처럼 과목별로 일괄 정리돼 있었기 때문이다.

아이들의 뇌가 과목별로 나뉘어져 있는 건 아니잖아요. 그런데 학교에서는
과목별로 엄격하게 구분하고 있죠. 그러다 보니 '아이들도 이렇게 획일적으
로 생각하는 게 아닐까.' 하는 걱정도 드네요. 진짜 세상의 일이 과목별로 딱
맞아떨어지게 적용되는 것도 아닌데요

아이들은 아주 잠시 의아한 표정을 지었다. 수학 시간에 갑자기 과학 디지털 교과서에 수록된 비디오가 플레이되고, 사회 선생님이 수학 시간에 배운 그래프를 언급하고 나섰다. 아이들이 의도를 간파하기까지는 얼마 걸리지 않았다. "사회 문제를 그래프로도 풀 수 있죠?", "경제가 수학으로는 어떻게 표현돼요?" 간단한 언급만으로도 아이들의 마인드맵에는 변화가 생겨났다. 과목 간 경계가 허물어지고 아이들은 엉뚱하지만 기발한 생각을 품기 시작했다.

미래학교의 마인드맵 그리기 가이드라인

◆ 마인드맵을 그리기 위한 주제와 중심 질문을 생각한다.
◆ 마인드맵의 중심이 되는 아이디어와 관련된 핵심 키워드가 무엇이 있을지 떠올린다.
◆ 마인드맵의 중심에 주제와 관련된 단어와 그림 등을 그리고, 중심에서부터 관련된 개념들의 연결을 시작한다. 일반적인 개념에서 구체적인 개념의 순서로 연결한다.
◆ 다양한 색깔을 사용해서 그룹화하거나 위계를 나타낼 수 있다.
◆ 다른 가지에 있는 개념들을 교차해서 연결할 수 있다.
◆ 마인드맵을 지속적으로 수정할 수 있다.

창의성에 대한
오해와 진실

중간고사가 끝나니까 곧바로 수행평가로 이어지는데, 벌써 2주째 공부를 별로 하지 못했어요. 수행평가에 발이 묶여서 허우적댈 수밖에 없어요. 이러면 공부는 도대체 언제 해요.

공부할 시간이 없어요. 평가 자체가 모둠평가다 보니까 소위 '독박수행'도 많아요. 수행평가나 서술형 평가는 선생님의 주관적인 판단 아닌가요? 수행도 자유학기제를 제외하고는 생기부에 모두 들어가거든요. 그거 관리해야죠. 욕심 있는 애들은 학교 갔다가, 학원 갔다가, 숙제에, 수행평가까지 해야 하는 거죠. 잠잘 시간도 없어요. 차라리 그냥 시험 보는 게 낫다는 말까지 나와요.

수행평가에 대비하려고 컴퓨터랑 미술 정도는 미리 시키죠.

수행의 과정은 '공부'와 별개라는 게 학부모들의 생각이다. 그 평가도 의심스럽다. 그 로드맵의 끝에는 학부모의 학창 시절과 같은 진학이 있었다. 목표는 같은데, 학교가 달라졌다는 것에 학부모들은 당황한다. 시험에 성공하는 자질은 '암기'로 똑같은 것 같은데, 학교에서 하는 '공부'는 도대체 무엇인지 알 수 없는 까닭이다. 그리고 미래에는 또 어떻게 바뀔까 두렵다. 특히 부모를 혼란하게 하는 것은 '창의성'이다.

여기 창의성에 대한 오해가 있다. 미래학교에 지원서를 작성할 때부터 아이는 눈에 띄는 방식을 선택했다. 보통 웹캠을 이용해 소개 동영상을 보낸 아이들과는 달랐다. 화면에 한 주택의 대문을 두드리는 손이 보인다. 문이 열리더니 아이가 보인다.

들어오세요 우리 집을 안내할게요

아이는 거실에서 일하고 있는 아버지와 어머니를 소개하고 자신의 방을 자랑하는 등 마치 능숙한 리포터와 같은 카메라 워킹을 선보였다 그런 후 자신이 미래학교에 지원한 이유를 밝혔다.

저희 집은 미래 주택입니다. 부모님들 모두 저렇게 노트북을 쓰고 있고, 여기 로봇도 사용합니다.

화면은 거실을 청소하고 있는 로봇 청소기를 비춘다. 2층에 있는 방에서 전자 피아노와 전기기타 연주 시범을 보여주는데 연주할 곡의 악보를 핸드폰으로 즉석에서 다운 받는다.

저는 제가 디지털 네이티브라고 생각해요 처음 스마트폰을 가진 게 여섯 살 정도였는데 그만큼 휴대전화로 상호작용을 하는 데 능숙합니다. 그리고 이렇게 첨단 기술 장비를 이용하는 데 익숙해져 있습니다.

이 학생은 학교에서건 가정에서건 디지털 기기로 영상을 촬영하고 편집해, 이를 수업 시간에 공유하는 것을 적극적으로 권장하는 편이기에 미래학교 지원도 독특하게 기획했다고 말했다. 우리가 주목한 것은 아이의 자기소개였다. 보통 자기소개를 부탁했을 때 나오는 말과는 달랐다. '저는 ○○학교 ○○예요.'라고 시작하는 일반적인 자기소개와는 달리 아이는 자신에 대한 평가부터 내밀었다.

저는 제가 창의적인 사람이라고 생각해요. 우리나라 학교 수업에는 공작 시간이 있거든요. 그 과목을 제일 좋아해요. 무엇이든 체험하는 것을 좋아합니다.

아이가 자신을 '창의적'이라고 말한 것은 사실 그림, 음악 등에 관심이 있었기 때문이었을 것이다. 실제로 미래학교 입학 직후 아이는 예술 과목이 없다는 것을 아쉬워했고, 수학, 과학, 사회, 정보 등의 과목에 대한 PISA 지수도 낮은 것으로 나타났다. 물론 시험 성적도 좋지 않았다.

예술 과목 외에 관심이 없는 건 사실이에요. 지금 미래학교에 같이 다니는 친구들 중엔 진짜 수학도 잘하고 똑똑한 친구들이 많은 것 같은데 저는 그들과 달라요. 저는 예술가거든요.

창의성을 예술의 전유물이라 여기는 것은 오랜 편견이다. 많은 부모들이 비예체능계 아이들은 창의적이기보단 '공부를 잘하는 게' 우선이라고 생각하기도 한다. 예술 교육이라는 별도의 과목을 통해서만 창의성이 높아진다고 여기기도 한다. 하지만 공학도 집단과 음악학도 집단에 창의성 문제를 내주면 같은 비율로 창의적인 사람과 창의력 평균인 사람이 나뉜다. 창의성이 특정 과목에 한정돼 나타나는 것이 아니기 때문이다. 실제로 아이는 수학 시간에 문제풀이와 코딩을 통해 '창의적인 능력'을 보여줬다. 팀별 시험에서 가장 어려운 코딩 문제를 풀어내기도 했다. 아이의 창의력은 교실 밖에서 시작됐지만, 학교 체제 안에서도 충분히 발휘될 수 있는 것이었다. 최근 대부분의 수행평가에는 창의성이 주요 항목 중 하나로 꼽힌다. 하지만 현재 학교에서는 이런 아이들의 창의성을 제대로 키우고 있을까?

{ IQ보다 중요한 미래인재 지표 }
'창의성 Creative Thinking'

1960대부터 창의성 시험을 개발하고 자료를 축적해온 연구가 있다. TTCT(Torrance Tests of Creative Thinking: 창의성의 핵심 요소로 알려진 유창성, 정교성, 융통성, 독창성 등 네 분야를 중심으로 한 창의성 검사)이다.

1958년 미국 미니애폴리스주에서 처음 시행된 창의성 검사는 현재처럼 정교하지 않았다. 여덟 살의 아이들은 소방차 장난감을 건네받았고 "어떻게 더 재밌게 개선시킬 수 있을까."라는 질문에 답했다. "탈부착이 가능한 사다리를 달고, 차량 바퀴에 스프링을 단다." 등 20개가 넘는 아이디어를 낸 아이들이 있었다.

연구진은 이후 50년간 창의성 검사를 받았던 400명 정도의 학생들을 추적·연구했다. 아이들의 직업은 외교인, 사업가, 의사, 작가 등으로 매우 다양했다. 특허출원, 사업 설립, 논문 발표, 수상 유무 등의 객관적인 지표를 취합한 결과 과거 창의성 점수가 높았던 아이들은 성인이 된 후에도 높은 성취도를 기록한 것으로 밝혀졌다. 창의성과 향후 성취도와의 연관 관계는 지능지수(IQ)와 성취도와의 연관 관계보다 세 배가량 높은 것으로 나타났다.

미국 내 조사 결과 아이들의 창의성 점수는 1990년대 이후 낮아지고 있다. 전문가들은 표준화된 시험 등을 통해 다르게 생각하는 것을 억누르는 교육을 받았기 때문이라고 분석한다. 또 다른 창의성 테스트 연구 기관은 고등학생들이 초등학생보다 낮은 창의성 점수를 기록한다는 결과를 내놓았다. 학교 교육이 창의성을 키우기 위해서 어떻게 변해야 하는지를 알려주는 연구 결과이다.

디지털 네이티브가 생각하는
학교의 미래

그런데 미래에는 학교가 없어지지 않을까요? 인터넷을 통해 강의를 듣고, 친구들과도 온라인으로 소통하면 되잖아요. 그렇게 되면 공부를 하기 위해 굳이 학교를 갈까 의문입니다.

미래에는 A.I.가 선생님 대신에 우리를 가르치지 않을까요? 모국에는 수학뿐만 아니라 영어를 가르치는 로봇도 있거든요. 물론 초등학생들이 배우는 초보적인 단계지만, 교육 효과가 있는 건 분명하니까요.

EBS <미래학교>가 온라인 사이트를 이용한 수학 맞춤교육을 시작했을 때, 아이들이 제기한 의문이다. 실제로 2030년 미래에는 '학교가 사라질 것이다.'라는 예측이 빠지지 않는다. 미래학교의 아이들이 간파한대로 인터넷과 A.I.의 발달 때문이다.

WISE 재단이 '2030년의 학교'라는 제목으로 실시한 설문 조사를 살펴보면 그 이유가 좀 더 구체적으로 다가온다. 다음은 세계 여러 나라의 다양한 분야 종사자(교육계, 비영리 분야, 공공 분야, 기업 분야)를 상대로 미래학교의 변화를 예측해본 것이다.

[표 1] School in 2030 - 지식공급원과 중요시하는 역량

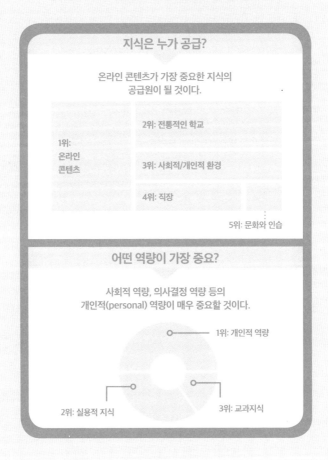

현직 교사들도 일정 부분 한계를 토로했다.

미래 역량에 대한 중요성은 강조되는데, '그걸 어떻게 키울 것인가.'에 대해서 현직 교사들도 충분한 준비가 되어 있지 않습니다. 선생님들 역시 과목별로 전문성을 키운 사람들이잖아요. 교과목 내에서는 학생들에게 효과적인 학습법이 무엇인지 잘 알고 있습니다. 하지만 '소통력을 어떻게 키울 것인가.', '창의성을 어떻게 키울 것인가.'라는 건 교사로서도 새로운 교육이 필요한 부분이에요. 과목별로 '이 과목은 소통이 중요하다.', '또 다른 과목은 창의성이 중요하다.'라는 식의 구분법이 현재 존재하지 않는 게 사실이죠.

온라인 콘텐츠를 이용해 맞춤수업을 시도해본 선생님은 위기감까지 느꼈다고 토로한다.

아이들이 제 수업보다 온라인 수업을 더 선호한다는 느낌을 받은 적도 있어요. 주로 중하위권 학생들에게 그런 성향이 나타났죠. 그래서 이유를 물었더니, '이건 반복해서 들어도 되니까 괜찮다.'는 거예요. 선생님한테 물어보면 왠지 자기를 평가하는 듯한 느낌이 든다는 거죠. '이렇게 설명해줬는데 아직도 모르겠니.'라는 뉘앙스가 느껴진다는 뜻이죠. 반대로 상위권 학생들을 위해서는 선생님이 준비해야 할 게 굉장히 많아져요. 어떤 부분이 부족한지 정확하게 알지 못하니까 방대한 교육 자료를 준비해 가야 하죠.

디지털 네이티브는 대부분 선생님이 교단에 서서 교과 내용을 전달하는 수업에 대해서 '얼마든지 온라인 강의로 대체할 수 있다.'고 생각한다. 기존

학교에 대해 '다닐 필요를 모르겠다.', '수업 시간에 모르는 게 없어서 질문이 없다.'라고 평가했던 디지털 네이티브가 '미래학교는 다르다.'고 말한 이유는 무엇이었을까? 미래학교의 교사들은 지식 전달이 아닌 미래 역량을 키우는 수업 디자인과 평가가 더 중요하다는 데 뜻을 모았다.

뒤집힌 성적표, 미래학교의 우등생

저는 선생님 설명 안 들을래요 일단 제가 해볼게요

저는 선생님이 틀리고 제가 맞다고 생각해요 제 방식으로도 답을 찾을 수 있었어요

오답으로 가는 길을 단호하게 선택하는 아이들이 있었다. A.I.라면 어떻게 평가했을지 모르지만 미래학교의 선생님들은 이런 반발을 오히려 '창의적'이라고 평가했다.

이 문제는 보통 수식을 이용하는데, 도형을 적용한 개념으로 문제풀이를 시도하는 친구가 있더라고요

흔히 경제 그래프는 텍스트로 설명하잖아요 그런데 그걸 수학 과목이라고

선생님들은 기존의 정답과 오답이라는 이분법적 평가 대신 창의적 사고가 엿보이는 발표와 답변을 독려했다. 학생들이 창의적이 되기 위해서는 '정보를 광범위하게 탐색하고 상상력을 발휘해 다양한 해결책을 모색하는 확산적 사고'와 '다양한 대안들을 분석·평가해 적합한 문제를 선택해가는 수렴적 사고'가 모두 필요하다.

이 두 가지 사고방식을 배우는 방법에는 어떤 것이 있을까? 미래학교는 아이들이 디지털 교과서에 남긴 흔적에 주목했다. '다르게 생각해보라.'는 말 대신 새로운 장소를 방문하거나 새로운 경험을 했을 때, 아이들은 창의성이 돋보이는 질문을 남겼다.

- **◆ 시장 방문(과제와 동떨어진 엉뚱한 생각)**
- → 왜 한국 시장에 '메이드 인 코리아'가 없을까?
- → 모든 제품이 중국산인 이유는 뭘까?
- **◆ 새로운 도전 과제가 나왔을 때(상반되는 것의 연결)**
- → 코딩을 디지털이 아니라 아날로그로 하면 안 될까?
- **◆ 새로운 경험을 했을 때**
- → 드론에 코딩이 아니라 좌표를 입력할 수는 없을까?

정답이 없는 창의적인 질문들에 대해 A.I.는 수많은 자료를 검토해 답을 해줄 수 있을지 모른다. 예를 들어 A.I.는 경제신문을 분석한 후 한국의 제조업 현황과 원가 차이를 답해주고 아날로그 코딩의 현황 비디오를 제시함과 동시에 드론 기술의 발전 근황을 업데이트해줄 것이다. 숙련된 교사보다 더 빠르고 정확하게 말이다. 하지만 아이들의 질문을 독려해서 생각의 영역을 넓히고 해결 방법을 함께 찾아보자는 말로 창의적인 사고방식을 키우는 일은 인간 교사만이 할 수 있는 일이다.

미래학교 교과서의 디지털화, 플랫폼을 통한 자료 수집 등은 학생들의 지도에 새로운 기준을 마련해줄 것이다. 예전 시험에서는 나타나지 않았던 아이들의 질문과 사고 확장의 자료가 쌓이고, 이를 통해 아이들을 대상으로 한 기존 평가를 바꿀 단서를 모을 수 있었다.

창의성과 소통, 협력으로만 따지면 이 친구가 우등생이네요. 토론에서도 가장 많은 질문과 발언, 조정을 했고 팀별 과제도 온오프라인 모두에서 활발해요.

시험 성적으로만 보면 평균 이하의 점수를 받은 친구가 미래 역량 면에서는 1위를 기록했다. 성적 상위권인 학생들 세 명 중 특정 부분에서 높은 점수를 받은 학생은 있었지만, 미래 역량 모두에서 상위를 기록한 학생은 없었다. 이런 놀라운 전복은 미래에도 이어질 것인가?

저는 좌뇌형 아이에요, 저는 우뇌형 아이에요

미래학교 초기, 우리는 12명의 아이들을 여러 기준으로 분류했다. 그중 하나는 다음과 같은 것이었다.

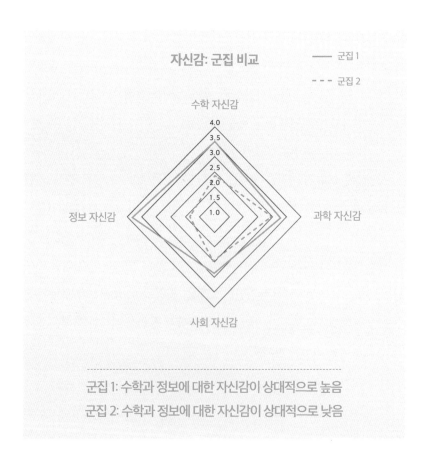

자신감: 군집 비교

군집 1: 수학과 정보에 대한 자신감이 상대적으로 높음
군집 2: 수학과 정보에 대한 자신감이 상대적으로 낮음

칸아카데미를 이용해 수학 수업을 하고 있는 학생을 코칭해주는 선생님

이런 분류는 비교적 익숙한 편이다. 우리나라에서도 이과와 문과로 나누고 있다. 실제로 아이들은 이미 과목별 선호도가 뚜렷한 편이었고 이공계 혹은 인문계라는 식으로 자신을 규정하기도 했다. 학교 초기 아이들의 반응은 둘로 나뉘었었다.

학교에서는 이공계 과목만 가르치는 거예요? 그럼 저는 전 과목 열등생이 되겠네요. 저는 우뇌형 인간이니까요. — VS — 중학교에서는 과목을 세분화해서 자기가 배우고 싶은 것만 수업을 들었으면 좋겠어요. 그럼 시간도 절약되니까요. 어차피 저는 프로그래머가 되고 싶기 때문에 다른 인문계 수업은 관심이 없어요.

현대의 뇌과학은 인간의 뇌는 좌우로 나눠서 다룰 만큼 단순하지 않음을 증명하고 있다. 최근 연구 결과는 인간이 좌뇌와 우뇌를 거의 비슷하게 사용한다는 것을 보여준다. 뇌량이라는 신경섬유는 좌뇌와 우뇌를 연결해 정보를 활발하게 교환한다. 의외로 좌뇌와 우뇌의 차이에 따라 다른 학습법을 적용하는 경우는 흔했다. 하지만 이는 정보를 처리하는 방식과 관련된 것이지 과목에 따라 나눠는 것이 아니다.

좌뇌 우세형	우뇌 우세형
사실, 단어에 초점을 둬 정보를 처리 -청각에 강하게 반응	정보를 시각적으로 처리 -그림, 도표로 쉽게 인지
시간, 계열, 세부 사항, 순서에 대한 인식이 뛰어남	직관적인 처리에 능함
공간보다 대수의 규칙 선호	공간 인식에 능함

실제로 수학에 자신 있어 하는 학생들 가운데 도표와 그림을 쉽게 인지하는 경우가 많았다. 창의적이지만 수학을 못한다고 생각하는 학생들 중 청각적인 정보, 즉 선생님의 강의를 가장 효율적으로 받아들이는 경우도 있었다. 수업 방식을 다양화하고 학생 개개인에게 가장 효율적인 학습 방법을 찾는 것이야말로 아직 A.I가 할 수 없는, 오직 인간 교사만이 가능한 맞춤교육이었다.

디지털 네이티브에게
시험이란

중요한 미래 역량인 창의력, 소통, 협력, 자기주도력(메타인지)을 기존 지필
시험으로 평가할 수는 없다. 미국에서 1990년대 이후 학생들의 창의력이 떨
어지는 원인으로 꼽는 것도 바로 '표준화된 시험'이다. 객관식 문제는 물론
이고 서술형 문제에 대해서도 아이들은 안전한 답을 써야 한다고 생각했다.

독창적인 답을 쓸 여지가 있나요? 교과서 외의 답을 쓰면 감점은 물론이고,
심한 경우 놀림을 당할 때도 있어요 딱 교과서에 나오는 답을 외워서 쓰는 게
안전해요

미래학교라고 해서 아이들의 학업 스트레스가 전혀 없었던 것은 아니다.
수업 시간은 하루 다섯 시간 정도로 일반 학교와 비슷했고, 모둠활동과 팀
과제 때문에 아이들이 밤늦게까지 모여 발표 자료 등을 만들기도 했다. 다만
학부모들이 아이들의 늦은 취침 시간을 걱정한 경우는 있었어도, 불만을 드
러낸 학생은 없었다. 하지만 시험에 대한 스트레스는 협력 지수를 낮추는 것
으로 확인됐다.

아이들은 미래학교에서 본 시험에 대해서 다소 날카로운 반응을 보였다.
특히 몇몇 학생들은 점수뿐 아니라 자신의 등수까지 알고 싶어 했다. 맞춤수
업을 위한 자료였기 때문에 끝까지 비공개를 지켰지만, 일부 아이들에게는

'시험을 못 봤다는 증거'로 여겨지기도 했다. 그에 따른 스트레스에 유난히 취약한 아이도 있었다. 미래학교 제작진도 예상치 못한 일이었다.

저는 '내가 이만큼 공부를 함으로써 발전을 했다.'는 사실에 뿌듯하지만 시험을 보는 순간 그 노력은 사라지죠. 비교가 되잖아요. 그냥 잘하는 게 아니라, 남보다 잘해야 하는 거잖아요.

제 모국에서는 학교 공부를 잘해야 해요. 그래야 남보다 좋은 학교로 진학을 하고 전문직을 가질 수 있기 때문이죠.

등수에 유난히 관심을 보였던 아이 한 명은 시험 후 이루어진 그룹 토론에서 12명 중 유일하게 협력 지수가 떨어지는 모습을 보였다. 그룹 활동 조정 발언 부분에서 전체 2위를 차지할 만큼 활발하던 아이의 참여가 떨어지고, '다른 학생의 의견에 날카롭고 예민하게 반응하거나 명령조로 지시하는 경우도 있었다.'는 평을 받기도 했다.

또한 교실을 녹화하던 CCTV에 아이가 다른 친구들의 태블릿을 돌아가며 검사하는 모습이 포착됐다. 처음에는 당황한 모습을 보였지만 이내 화를 내고 눈물까지 흘렸다. 아이는 그날 친구들에 대한 오해가 있었다고 고백했다.

제가 그동안 미래학교에서 배운 걸 태블릿에 다 정리해놨거든요. 그런데 복습하려고 보니까 내용이 하나도 없는 거예요. 처음에는 '누군가 내가 공부를 못하게 하려고 태블릿을 바꾸거나 내용을 일부러 지웠나.'라는 생각에 화가 나고 속상했어요.

확인 결과 단순한 로그인 오류로 밝혀졌지만, 아이는 반 친구들을 협력자가 아닌 경쟁자로 보고 있었다. 이러한 상황에서 동등한 의사소통과 협력이 이루어질 리 없었다. 아이의 협력성은 이후 미래학교가 시도한 '또래학습'과 게임 형식의 조별 시험을 통해 다시 올라갔다. 현재 학교의 시험은 아이들의 미래 역량을 좁은 답안지 안에 가두고 있는 것은 아닐까? 제작진은 심각한 고민에 빠질 수밖에 없었다.

4 　 미래학교의 마지막 과제

2030년,
아이들 문제를 찾다

마지막 수업을 앞두고 전 세계의 수업법이 모두 고려 대상이 되었다.

어느 한 과목도 독립적으로 남아 있지 않는 게 특징이 되지 않을까요? 이를테면 미래 필수 과목이라고 하는 코딩도 마찬가지죠. 핀란드만 해도 코딩이 별도의 과목이 아닙니다. 초등학교 때부터 아날로그 등을 이용해 컴퓨팅 사고를 배우는 게 목표죠.

온라인 학습이 일반화될 미래에는 어떤 선생님도 아이들의 모든 질문에 완벽한 답을 말할 수 없을 겁니다. 선생님들의 머릿속에 있는 것만으로 아이들을 교육할 수 없는 시대가 온 거죠.

우리가 고려한 것은 12명 디지털 네이티브들이 원하는 수업이었다. 아이들과의 면담을 통해 마지막 수업에 대한 의견을 들어보았다. 다음은 선생님들을 놀라게 한 아이들의 이야기들이다.

선생님들이 항상 배우는 즐거움, 아는 즐거움이라는 말씀을 하시잖아요. 그런데 저는 솔직히 배우는 즐거움보다 '해보는 즐거움'이 더 큰 것 같아요. 학교에서는 왜 해보는 즐거움을 경험하면 안 되죠?

수업을 듣는 건 혼자서도 할 수 있어요. 그런데 친구들이랑 같이 하는 건 학교에서밖에 할 수 없습니다. 그런 활동이 많았으면 좋겠어요.

학교 공부는 과목별로 분류돼 있죠. 재미있어요. 그런데 몰입하기는 힘들어요. 이거 다음에 이거, 이런 식으로 진도를 나가잖아요. 제가 재미있게 몰입할 수 있는 프로젝트나 수업이 있었으면 좋겠어요.

저는 코딩을 정말 잘하는데 학교에서 배우는 건 신청 안 했어요. 이걸 어떻게 내 실생활과 연결하고, 변화시키느냐 그걸 생각해보고 싶어서요. 미래학교에서도 실생활과의 연계를 모색할 수업이 있었으면 좋겠어요.

미래학교는 아이들의 의견을 조합해 해커톤*과 유사한 형태의 수업을 기획했다. '아이들의 다양한 질문에 답할 수 있도록 한 교실에 모든 과목의 교사가 들어간다.'라는 전제 아래 '수업의 주제는 아이들과 밀접한 것으로 고른다.', '아이들만의 산출물을 내도록 교사는 조력자의 역할을 한다.' 등의 기본 원칙만을 세웠다.

★ 해커톤Hackathon: '해킹(hacking)'과 '마라톤(marathon)'을 결합해 만든 용어로, 마라톤처럼 일정 시간과 장소에서 기획자, 개발자, 디자이너 등이 한 팀이 되어 웹 또는 서비스나 플랫폼을 만드는 것.

2030년,
아이들이 만들 미래를 엿보다

아이들은 두 팀으로 나뉘어 각각의 주제를 선택했다. 두 팀에는 '미래의 교복'과 '미래의 사물함'이라는 주제가 주어졌다. 자신들의 생활과 밀착된 키워드에 학생들은 높은 관심을 보였다.

아이들의 마지막 수업에 대해 우려도 있었다. 미래학교가 진행한 수업 기간이 각 과목당 최대 열 시간 미만이었다는 점과 결과물을 만드는 데 필요한 장비(3D 프린터)의 교육이 전혀 없었다는 사실 때문이었다. 특히 코딩의 경우 사교육을 통해 프로그램을 만들어본 경험이 있는 아이들의 1인 역량으로 결과물이 좌우될 염려도 있었다. 해커톤의 이름에 포함된 '해커'라는 단어 때문에 자칫 프로그래머만이 주목받는 것으로 보일 수도 있다. 코딩 초보자에겐 심리적 진입 장벽이 높았던 것이다.

하지만 아이들의 역할 분담은 달랐다. 두 팀 모두 프로그래머 역할을 담당하게 된 친구들은 미래학교에서 배운 블록코딩 언어만 사용하겠다고 결정했다.

공동 결과물을 만들어야 하는데 다른 친구들이 프로그램을 이해하지 못하면 안 되잖아요. 프로그램에 대해 잘 알고 있어야 좋은 디자인도 나올 수 있다고 생각해요. 또한 저도 디자인 팀의 요구를 다 구현할 수 있는 건 아니기 때문에 서로가 서로의 이해를 도와야만 합니다.

해커톤 평가. '미래학교를 위한 사물함'이라는 주제로 아이디어 회의를 하고 있는 학생들

두 팀 모두 팀원 간 소통을 최우선 순위에 놓은 것이다. 각 팀에 프로그래머 두 명, 디자이너 세 명, 콘셉트 기록과 전체적인 조율을 맡을 한 명이 결정됐다. 대부분 자신이 원한 역할을 맡았지만 A팀의 전체 조율을 맡은 학생은 의외였다. 프로그래밍에 강점을 가진 학생이었지만 영어에 약해 협력 지수가 낮은 학생이었기 때문이다.

영어 소통이 다소 불편하기는 하지만 팀원들과 같이 하는 일에서 제가 어렵다고 안 할 수는 없으니까요. 번역기를 사용하더라도 할 수 있는 한 열심히 해봐야죠. 프로그래밍과 디자인 양쪽을 다 도울 수 있으니까 이 역할을 맡았어요.

아이들은 디자인에 들어가기 전에 먼저 현재의 교복과 사물함에 대한 가장 큰 문제점을 파악하는 데 주력했다. '미래 교복 팀'은 환경문제에 관심이 많았다. 4개국 학생 모두 계절마다 교복이 달라지는 점은 반드시 개선돼야 한다는 의견에 동의했다. 첨단 기기로 전기 사용량이 많을 미래 학생을 위해 태양열발전 외에 다른 발전 방법은 없는지에 대한 회의도 열렸다.

'미래 사물함 팀'은 해킹으로 인한 보안 문제에 초점을 모았다. 학년이 올라갈 때마다 사물함을 바꿔야 하는 불편함도 문제점으로 꼽혔다. 교과서와 학습 도구 등이 최소화될 미래의 학교생활과 어울리지 않는 사물함의 공간 차지를 어떻게 해결할 수 있을지에 대해서도 아이들은 의견을 나누었다.

스케치가 그려진 후 실현 가능성 여부가 논의되기 시작하자 아이들의 아이디어가 점차 구체화됐다. 아이들은 선생님들에게 다가와 도움을 요청하거나 자신들의 아이디어를 상의하기도 했다. 선생님들을 당황하게 하는 질문들도 여럿이었다.

신소재에 관심이 있는 친구인 건 알고 있었는데, 과학 교사인 저도 모르는 소재를 이야기하면서 '이걸로 교복을 만들 수 없을까요?'라고 묻더라고요. 같이 한참 동안 자료를 찾았어요

미래에 대해서 참 구체적으로 생각하네요. 아이디어 보드를 잠깐 봤는데, 현재 학교에서 교과서가 없어지는 추세라는 점을 고려해 사물함에 들어갈 물건 자체를 다시 구성해보는 것 같아요.

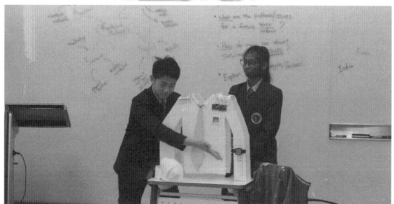

해커톤 평가 과정

그렇게 열 시간에 걸친 긴 논의 끝에 아이들의 아이디어가 결과물로 나왔다. '미래 교복 팀'은 미래 자원 절약을 염두에 두었다. LED를 이용해 학교나 반이 바뀌더라도 하드웨어를 교체할 필요 없는 학교 배지와 이름표, 걸을 때마다 전기가 생산되는 구리선 박힌 발열 재킷 콘셉트를 선보였다. 안전상의 문제로 실제 작동은 하지 못했지만, '코딩의 원리는 가능하다.'는 평가를 받았다.

'미래 사물함 팀'은 미래에는 학교 공간의 활용과 보안이 가장 문제가 될 것이란 의견을 내놓았다. 드론을 이용해 어느 공간에서든 쉽고 빠르게 이동할 수 있고 핸드폰과 연동한 잠금 장치를 적용한 사물함을 선보였다. 실제로 적용 가능한 프로그램이라는 평을 받았다.

4개국에서 모인 교사들은 해커톤에 있어서는 자문단이라는 제한된 역할만을 했지만, 발표 시에는 패널로서 날카로운 질문을 던졌다. 교사들의 질문에 대해 아이들은 때로는 상기된 표정으로 방어를 했고, 또 때로는 미숙함을 인정하기도 했다.

미래학교가 끝나도 우리가 해결하지 못한 부분은 계속 머릿속을 맴돌 것 같아요. 하지만 후회보다 이에 대한 해결책을 찾으려는 시도와 과정이 우리를 성장시킬 거라고 확신합니다. 앞으로도 미래학교에서 배운 걸 계속해나갈 생각이거든요.

해커톤 평가, 발표하는 학생들

2030년,
미래의 성적표를 받아들다

제작진은 아이들의 해커톤 전체 과정을 녹화했다. 첫째 날 일곱 시간, 둘째 날 세 시간 등 총 열 시간 분량이었다. 물론 열 시간 내내 아이들이 물 흐르듯 매끈한 소통과 협력을 보여준 것은 아니었다.

여러 명의 아이들이 모인 만큼 다양한 아이디어가 쏟아져 나왔지만, 구심점이 없는 탓에 흩어지는 과정을 겪어야 했다. 각자의 영역에서 최선의 결과를 내고자 하는 디자인 팀과 프로그래밍 팀과의 대치 역시 치열했다.

디자인 팀이 결정을 해줘야 모형을 만들고 본격적인 코딩을 시작할 수 있어요

자력으로 발전시키는 아이디어를 넣고 싶다는데, 현실적인 구현 방법이 고민이에요 어떻게 해야 할지 모르겠어서 지금 손을 놓고 있어요

아이디어를 가지 쳐나가는 과정도 부드럽지 않았다. 자신의 아이디어만 제외된 거 같다며 의기소침해지는 아이도 있었고, 디자인 의도와 코딩을 서로 이해하지 못해 소통에 불편을 겪는 일도 허다했다. 반면 걸을 때마다 움직이는 신발도 교복에 포함해 자력 발전을 할 수 있다는 아이디어가 나왔을 때는 팀원들 사이에 환호가 일기도 했다.

아이디어가 쌓일수록 품이 드는 일은 더 많아졌지만, 아이들은 역할 구분 없이 달려들어 문제를 해결해냈다. 화이트보드에 가득한 설계도와 설명이 아이들

의 열정을 대변해주고 있었다. 특히 아이들은 위기에 닥칠수록 더 똘똘 뭉쳤다.

교복 팀은 신발 제작까지 추가되면서 늦게 끝났네요. 팀원 전체가 제작에 달라붙었어요

사물함 팀은 3D 프린터 오작동으로 아침에 모델을 전면 수정해야 했어요. 신문지랑 스티로폼 박스까지 뒤지고 있더라고요.

선생님들은 결과물보다 그 과정에 더 큰 점수를 매겼다.

아이디어 회의를 통해 서로의 생각을 나누면서 문제를 연결하고 해결해나가는 과정이 너무나 창의적이었어요. 소통에 다소간의 삐걱거림은 있었지만 누구도 자기 목소리만 고집하지 않았고요. 본인의 역할이 끝나면 다른 팀원의 일을 돕고, 자신이 맡은 디자인 혹은 프로그램에 대해 적절하게 방어하는 면을 높게 샀습니다.

발표 후 아이들은 성적표를 받아들고 조금 의아한 표정을 지었다. 과목별로 수치화된 익숙한 성적표가 아니었기 때문이다. 우리는 미래 역량(자기주도력, 창의력, 협업, 소통)을 기준으로 각자의 성장만을 기록한 성적표를 작성했다. 12명의 성적표는 모두 다른 형태였다. 하지만 학생 개개인마다 미래 역량의 한 부분은 성큼 성장했음이 분명했다.

의외의 성적표를 받아든 아이들은 금세 그 의미를 이해했다.

저는 학교에서 주어지는 모든 과목에서 최선을 다하는 학생이었던 거 같아요. 그래서 부모님이 말리셔도 학원도 악착같이 다녔죠. 그런데 미래학교에서는 점수보다는 '얼마나 노력했느냐'를 더 중요하게 여기더라고요. 저의 장점이 자기주도력이라는 점을 알려주고, 앞으로의 가능성을 높게 평가해줬어요. 이렇게 미래학교에서는 제 자신에게 집중할 수 있으니까 스스로 성장에 대한 확신을 가지게 됐어요.

저는 그간 초·중·고등학교는 결국 대학교를 가기 위한 징검다리라고 생각했어요. 그래서 학교와 제 인생은 별개라고 여겼죠. 학과목이 아니면 관심도 없었고요. 그런데 미래학교에서는 협업을 강조하고 과목의 연계성을 중요하게 여겼어요. 이 문제는 기존의 학교로 돌아가도 계속 생각하게 될 거 같아요.

저는 좋아하는 과목을 꼽으라면 제일 잘하는 것만 선택했어요. 제가 경쟁에서 지지 않는 과목들이죠. 왜냐하면 경쟁을 통해서 계속 뭔가를 배운다고 생각했거든요. 그런데 미래학교에서 깨달은 사실은 '경쟁 속에서 배우는 건 별로 없다.'라는 거예요. 정말 중요한 건 '얼마나 공부해서 경쟁에서 앞섰느냐.'가 아니라, '스스로 얼마나 많이 배웠느냐.'라는 걸 깨달았죠. 전 아이들과 협업을 하면서 많은 걸 배울 수 있었거든요.

미래학교 선생님들이
남긴 과제

2주에 걸친 미래학교가 끝나고, 선생님들이 다시 모였다. 기획회의부터, 커리큘럼 작성, 시험문제 출제, 실제 수업까지 무려 5개월에 걸친 대장정이 끝났지만 아직 아쉬운 점이 남아 있었다. 디지털 네이티브 아이들이 일깨워준 미래 교육자의 역할에 대해 선생님들은 오랜 시간 동안 이야기를 나눴다. 그 이야기를 일부 옮겨 싣는다.

첨단 기술의 순기능과 한계

학생들이 얼마나 적극적으로 수업에 참여하고, 학교에서 아이들의 학습을 얼마나 잘 지원해줄 수 있는지가 중요하다고 생각합니다. 예전에는 선생님이 수업을 준비하며 내용적인 측면에서 많이 노력했다면, 앞으로는 방법적인 측면의 고민도 있어야 합니다. 최첨단 기술을 사용한다고 해서 무조건 좋은 수업은 아니기 때문에 내용과 기술을 얼마나 잘 접목할 수 있는가가 교사의 전문성 중 하나가 될 것입니다.

학급당 인원수가 줄어들고는 있지만, 사실 개별적인 지원이 어려운 게 사실이거든요. 하지만 앞으로 이러한 부분을 기술이 채워줄 수 있을 거라고 생각합니다. 반면 또 어떻게 생각하면 교사의 역할이 더 중요해질 거 같아요. 학교에서 학습에 대한 동기가 부족한 학생들과 교감하며 긍정적인 방향으로 이끌

어가는 건 결국 인간 교사만이 할 수 있는 부분이기 때문이죠.

미래학교 기술 지원의 개선 방향

플랫폼이 좀 더 정교해져야 할 것 같습니다. 평가 결과가 다음 학습의 개선을 위해서 사용될 수 있도록 많은 정보를 학생과 교사에게 제공하는 게 필요하고 생각합니다.

미래 역량과 발달 사항 등 다양한 영역에 대해 아이들의 지표를 평가한다면 학생에게 정확한 피드백을 주는 것은 물론 개별 특성을 고려한 맞춤형 계획도 세울 수 있을 거라 생각합니다.

교사들이 느낀 미래 역량 평가의 한계

한편으로는 마음이 무겁습니다. 우리가 미래 역량이라고 하지만 사실 저희 교수법은 수업에 집중하고 적극적으로 참여하게 하는 것에 치중돼 있잖아요. 평가도 마찬가지죠. 사실 전통적인 시험이 가장 공정하다는 인식이 많습니다. 그러한 인식을 바꾸기 위해서 '나는 공정하게 아이들을 평가하고 있는가.'를 돌아보게 됐습니다.

저도 미래학교 때문에 창의성 관련 연수까지 신청해서 들어봤는데요. 과목마다 다르지만 확신이 안 서더군요. 그래서 다양한 책도 읽어봤는데 교사가 요구를 해서 즉각적으로 교육되는 것은 아니라는 생각이 듭니다. 창의적으로 생각

해봐.'라고 한다고 해서 즉각 응답이 오는 것은 아니잖아요. '창의성을 기르는 수업을 해야 한다.'는 요구가 있는데, 교사들은 평가만을 하고 있는 거죠.

그래서 더욱 수업 디자인이 중요한 것 같습니다. 주제통합수업과 문제중심수업 등이 활발하게 연구되는 이유도 여기에 있겠죠.

미래 역량, 연속성을 가지려면

우리나라만의 문제는 아니겠지만 우리 학생들에게 가장 두드러진 게 있습니다. 어떤 형태든 공교육만 받는 학생이 없었다는 거예요. 수학, 영어, 국어 등 매일 학원에 가는 친구도 있었고요. 현재는 초등학교에 시험이 없죠. 중학교 1학년도 그런 경우가 많고요. 그러니까 중학교 2학년이 되면 학교생활 7년 동안 한 번도 보지 않은 시험을 보게 되는 거죠. 학생들 입장에서는 창의성, 소통, 협력 등을 믿다가 갑작스러운 방향 전환 탓에 게임의 법칙이 바뀌는 셈입니다. 평가의 전환이 일어나지 않는 이상 교육의 혁신도 막힐 수밖에 없습니다.

미래학교의 교무회의는 많은 과제를 남겨놓고 끝났다.

'1인 1태블릿' 제도를 도입한 노르웨이 보아엔엥어 스쿨Vøyenenga school에서 태블릿은 교과서를 대신한다.

세계의 미래 교실,
수업을 디자인하다

미래학교의 수업은 어떤 형태가 될까? 이미 전 세계의 교실에는 미래 역량을 키우는 수업 디자인이 스며들고 있다. 우리나라에서도 활발히 연구되고 있는 주제통합수업도 주목할 만하다. 해당 수업에서는 과목별 경계를 넘어 다양한 분야의 교육자들이 함께 커리큘럼을 만들고 있다.

교육부의 제안수업(교사들에게 새로운 형태의 수업을 제안하는 공개수업)을 예로 들어보자. 이 수업은 '지구온난화'를 주제로 여섯 개 교과 수업이 통합됐다.

주제: 지구온난화					
과학	기술	수학	국어	한문	영어
지구온난화에 영향을 미치는 요소를 실험으로 관찰 (체험학습)	지구온난화를 극복할 수 있는 친환경 건설기술	지구온난화와 관련된 기사를 읽고 문장을 부등식으로 표현 지구온난화로 인한 피해를 숫자로 계산	체험활동 보고서 작성 방법	한자찾기 게임, 한자용어를 익힘	지구온난화와 환경에 관련된 영어 단어를 사전으로 찾아서 퍼즐을 완성

노르웨이에서도 비슷한 수업을 찾을 수 있었다. 노르웨이의 아이들은 영어, 과학, 수학을 하나의 주제로 엮어 배우고 있었다. 과학 시간에 실험을 통해 진자운동에 대해 배우고, 영어 시간에는 과학자 갈릴레오에 대한 영어 발표가 진행되고, 수학 시간에는 이와 관련된 수식을 배우는 식이다. 일주일 단위로 계속 돌아가는 유기적인 수업이다.

주제: 과학자 갈릴레오		
영어	과학	수학
영어 발표 + 체험활동 보고서 작성(디지털 활용)	진자운동 체험수업	진자운동과 관련된 함수

파격적으로 과목의 구분이 사라진 수업도 있다. 핀란드 공립학교에 '의무적'으로 도입된 PBL문제중심수업, Project(Phenomenon) Based Learning 이다. 과목 교사들이 중심이 돼 커리큘럼을 만드는 게 아니라, 학생들이 자신들의 생

교과서 대신 태블릿으로 수업하는 노르웨이 보아엔엥어 스쿨Vøyenenga school과 인도의 질라 파리샤드Zilla Parishad 초등학교(위) 팅커링 랩 수업에 필요한 교구를 개발하고 있는 인도 디자이너들(아래)

활과 관련이 있는 문제를 먼저 선정하고 해당 과제를 중심으로 과목을 배치하는 것이다. 답이 정해져 있지 않은 주제이기 때문에 토론과 아이디어 등이 중심이 된다.

우리나라 중학교 1학년에 해당하는 핀란드 7학년 수업을 살펴보자. 이 수업의 주제는 '지역의 물 보존 해결 방안'이다. 아이들은 지역에서 소비되는 물의 양에 대해 먼저 조사한다. 이후 조사 결과를 그래픽과 통계 자료로 정리하고 수자원을 보존해야 하는 이유에 대해 설명한다. 동시에 프로그래밍을 통해 수자원을 발견·운반·사용·폐기까지 하는 데 문제는 없는지, 또 보다 효율적인 방법은 없는지 시뮬레이션을 해본다. 프로젝트의 마지막 단계에서는 자신들이 생각하는 해결안을 제시하고 판정단과 토론을 펼친다. 이 단계에서 아이들은 자신들이 구축한 모델에 대해 논리적으로 방어하는 시간을 가진다. 과목의 구분은 사라지고 관련된 문제의 해결 방법을 모색하는 과정의 단계만 제시되는 것이다.

검색, 탐구 → 해결 방법 모색 → 프로그래밍(코딩을 활용한 로보틱스 시뮬레이션) → 해결책 제시 → 효율성 판단 토론(논리 방어)

이제까지의 시험이 단순히 수업 시간에 배운 내용을 이해했는지를 확인하는 도구였다면, PBL에서 주어지는 문제는 수업의 주된 구성 요소이자 목표가 된다. 학생들과 관련이 있는 실생활의 문제 해결 과제는 창의력을 도출

하는 과정과 일맥상통한다. 검색과 탐구를 통한 확장적 사고가 선행되고, 효율적인 해결책을 제시하는 연결·수렴적 사고가 따라야 하기 때문이다. 각 과정에서 학생들의 소통과 협력은 꼭 필요하다.

인도는 도시와 농촌의 교육 불평등을 해소하기 위해 첨단 기술을 적극 도입했다. 일선 학교에서는 정부와 협력하는 민간 업체의 지원을 통해 어려운 프로젝트형 수업을 하고 있다. 학생들이 언제든 자신의 아이디어를 발명품으로 만들어내도록 컴퓨터와 3D 프린터를 이용할 수 있는 '팅커링 랩'을 무려 5,441개의 학교에 지원했다. 교과목의 주입식 교육 대신 실생활의 문제를 해결하는 다양한 실습을 뒷받침하고 있는 것이다.

"지금까지는 높은 성적을 얻는 게 인도 교육의 목표였지만 미래는 다릅니다. 이제는 디지털 기술을 지렛대로 삼아 문제 해결식 사고를 하는 창의적인 인재를 키워야 하죠. '미래의 혁신가를 어떻게 키워낼 수 있느냐.'를 초점으로 학교를 바꿔나가고 있습니다." EBS <미래학교>가 상정한 2030년의 학교는 이미 세계 각국에 퍼즐 조각처럼 조금씩 흩어져 있었다.

미래학교 그 후, 돌아가기 나아가기

미래학교가 끝난 후 아이들은 자신들의 학교로 돌아갔다. 우리는 온오프라인으로 4개국의 아이들을 다시 만났다. 한국의 아이들은 대부분 예전처럼 학교와 학원을 오가는 빡빡한 스케줄로 돌아가 있었다.

중학교 2학년 때 첫 시험을 보잖아요. 부모님이 '초등학교부터 한 번도 정식으로 시험을 본 적이 없기 때문에 첫 시험이 중요하다.'는 말을 많이 하세요. 저희 부모님은 공부를 강요하시는 편이 아니지만, 혹시나 제가 시험 성적에 따라 자신감을 잃을까 봐 걱정하시죠.

다만 항상 잊지 않는 것이 있다고 한다.

조금이지만 저는 다른 아이들보다 미리 미래를 경험한 거잖아요. 제가 성인이 될 무렵에는 '세상이 이렇게 바뀔 거고, 이런 게 가능해질 거다.'라는 것들에 대한 생각을 하게 돼요. 예전에는 '중학교는 대학 진학을 위해서 버텨낸다.'라는 생각이 있었는데 말이죠. 미래가 그렇게 머지않다는 생각이 들었고 제가 지금 공부하는 걸 조금씩 융합하고, 창의적으로 생각하는 훈련을 해야겠다는 게 항상 머릿속에 있죠.

다른 나라의 학생들은 조금 다른 반응을 보였다. 싱가포르 학생들은 미래학교가 끝나자마자 방학을 맞았다. 선생님을 통해 참여 학생들의 근황을 묻자 '방학에도 매일 학교에 나오고 있다.'고 했다. 아이가 학교에 학습신청서를 냈다는 것이다. '이렇게 적극적인 아이였나.'라는 생각에 선생님들도 놀랐다고 했다. 싱가포르에서 만난 한 아이는 학교 운동장과 작업실을 오가며 모형 비행기를 만들고 있었다. 싱가포르에서는 1년 후에나 배우는 과정이었다.

저는 드론을 배우면서 비행기를 만드는 엔지니어가 되고 싶다는 꿈이 생겼어요. 그래서 비행기 관련 수업이 있는 이 중학교에 진학한 거고요.

미래학교에 다녀온 후 학교에서 하는 시뮬레이션 수업보다 좀 더 어려운 과제에 도전하고 싶었다고 한다.

싱가포르는 입시에 대한 압박이 아직도 심해요. 저는 초등학교 때 성적이 좋은 편이라, 대학 조기진학이 가능한 대신 이후에도 시험을 계속 잘 봐야 해요. 제가 미래학교에서 시험을 싫어했던 것도 이런 이유죠. 싱가포르에서 계속 부담스러운 시험을 앞두고 있으니까요. 그래서 드론 코딩에 대해서 '진짜 공부가 아니다.'라는 생각도 했고요. 그래서 이번 방학에는 학교 공부가 아니라 진정한 내 꿈에 대해 진지하게 생각해보고 싶어요.

노르웨이 학생의 부모는 미래학교를 다녀온 아이의 말에 깜짝 놀랐다고 한다.

제가 프로그래머지만 아이는 한 번도 제 직업에 대해서 물어본 적이 없었어요. 그런데 요즘은 프로그래밍에 대해서 관심을 보이고 있어요. 어차피 내년부터는 코딩이 노르웨이 정규 과목으로 도입된다면서 저한테 코딩을 배우고 싶다고 하더군요. 나름대로 자신감을 내보이면서 말이죠.

아이들은 현실 앞에서 잠시 주춤거리기도 하고, 반 발짝 용기를 내며 앞으로 나아가기도 했다. 하지만 여전히 '학교는 언제쯤 아이들의 변화를 따라잡을 수 있을까.'라는 화두는 우리의 과제로 남아 있다.

최상의 자녀교육은 스스로 모범을 보이는 것이다.
언제나 바르게 행동하라!
특히 아이들을 대하는 데 있어서 바르게 하라!
아이들과 약속한 것은 꼭 지켜라!
그렇지 않으면 당신은 아이들에게 거짓을 가르치는 것이다.

_ 탈무드

PART

4

미 래 학 교
진학하기 부모 편

1 미래의
학부모가 될
것인가,

과거의
학부모가 될
것인가?

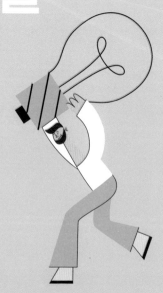

미래학교 선생님들이 말하는
가정에서 창의성 키우기

미래학교 교사들은 아이들이 다시 예전의 학교로 돌아가야 하는 현실을 안
타까워했다. 평가의 방법, 내신과의 연계 등에 대해서는 아직도 논란의 목소
리가 크지만 미래 역량 중심의 교육정책이 기존의 지필고사 방식으로 돌아
갈 가능성은 희박하다. 미래의 학부모가 아이의 미래 역량을 키워줄 수 있는
방법은 무엇일까? 미래학교 선생님들의 노하우를 가정으로 옮겨보자.

내가 매일 웃는 얼굴로 아이들을 맞은 이유

창의력에 대한 가장 고전적인 실험을 예로 들어보자. 피실험자에게는 양초
하나와 압정, 성냥이 주어졌다. 요청은 간단하다.

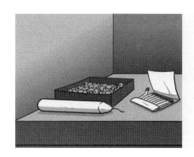

양초를 벽에 고정해라. 단, 촛농이
테이블에 떨어지면 안 된다. 테이블
위에 있는 물건들은 모두 사용해도
좋다.

이 문제를 해결할 수 있겠는가? 이제는 고전적인 문제가 돼 이미 접한 사
람들도 많겠지만 아직도 많은 사람들은 이 문제를 풀지 못한다. 압정이 양초

두께보다 짧아 고정이 되지 않기 때문이다. 이 문제는 다음 그림과 같이 해결할 수 있다. 매우 간단한 방법이다. 압정으로 양초가 아니라 상자를 고정하면 된다. 이 문제를 해결하는 데는 아이에게 몇 가지 힌트를 줄 수도 있다. 하지만 가장 효과적인 방법은 따로 있다. 이 역시 매우 간단하다. 바로 '아이를 긍정적으로 만드는 것'이다.

한 논문에 따르면 코미디 영화를 5분간 본 그룹의 75퍼센트가 이 문제를 푼 반면, 별다른 조치 없이 실험에 임한 그룹은 단 13퍼센트만이 정답을 찾았다고 한다. 정서 변화가 창의성에 영향을 미친다는 것을 증명하는 사례다. 단 5분의 차이가 창의성을 떨어뜨릴 수도, 높일 수도 있는 것이다.

미래학교의 '아무것도 가르치지 않는 수업'을 기억하자. '남과 다르게 생각해라.', '창의적인 생각이 필요하다.'는 열 번의 말보다 웃음과 긍정적인 정서의 효과가 더 크다. 다정한 인사만으로도 아이들을 웃게 만든 미래학교의 아침 30분을 가정에서도 적용해보자.

가장 뻔한, 하지만 가장 효과적인 방법 — 학습일기 쓰기

초등학교 저학년 시절, 억지로 일기를 쓰고 선생님께 검사를 받던 일을 떠올린 학부모들은 고개를 저을지도 모르겠다. 하지만 아주 간단한 질문 몇 가지만으로 이뤄진 학습일기는 아이들의 자기주도력과 메타인지를 키우는 최고의 방법이다. 미래학교에서 사용한 질문은 다음과 같이 아주 간단했다.

4	3	2	1
깊게 사고하고 충분히 성찰하고 있다. 성찰 내용은 본인과 관련되며 의미 있는 내용을 포함하고 있다. 성찰 내용이 과제의 목적을 넘어선 수준으로 나타난다.	주의 깊게 생각해 성찰하고 있다. 자신과의 관련성을 보여주기 위한 노력이 나타나고 있다. 성찰의 기본적인 요소를 갖추고 있다.	사고 과정이나 성찰이 잘 나타나지 않는다.	학습과 관련성이 나타나지 않는다.

아이들의 글을 보고 1~4의 각 기준에 맞도록 지도해보자. 미래학교의 경우 학생들 대부분이 2의 단계에 머물렀다. 하지만 이후 이유why와 구체적인 실천 방안how에 대해 작성해줄 것을 요청하자 학생들 대부분이 3, 4단계까지 이르렀다.

자신이 아는 것과 모르는 것을 구분하는 힘, 메타인지가 학습 효과를 키운다는 건 이미 앞에서 설명을 마쳤다. 단순히 그날 배운 내용을 복습하는 것과는 다르다. 많은 전문가들이 '메타인지는 미래에 인간에게 필요한 유일한 능력일지 모른다.'고 평가하는 이유에 주목해야 한다. 빠르게 변화하는 세상에서 평생학습의 중요성은 계속 커질 것이기 때문이다.

창의성은 아무것도 없는 진공에서 나오는 것이 아니라 지식의 바탕 위에 '왜'라는 질문이 얹어짐으로써 발휘된다. 미래학교가 매일 학습일기를 쓰게 한 이유는 여기에 있었다. 수업 시간에 '모르는 게 없어서 질문이 없다.'던 아이들에게 그날 배운 것을 떠올리고 질문을 만들게 하자 창의적인 질문이 쏟아졌던 '과학 시간'을 생각해보라.

창의성을 생각하지 마라

미래학교의 12명 학생 중, 자신을 '창의적'이라고 소개한 아이는 음악과 미술에 관심을 갖고 있던 한 명뿐이었다. 이외에 또 한 명은 '미술 시간에는'이라는 단서를 단 후 '창의적이라는 말을 들어봤다.'고 밝혔지만 정작 자신이 창의적이라고는 생각하지 않았다.

한 연구 결과에 따르면 가장 창의적인 연령대는 만 3~5세다. 이 또래의 아이들은 98퍼센트가 창의성의 특징인 확장적 사고가 가능했다. 힘들이지 않아도 아이디어가 샘솟는 시기인 것이다. 하지만 아이들이 만 8~10세가 되면 이 비율은 32퍼센트로 떨어지고, 이후에는 10퍼센트만이 창의성의 기본인 확장적 사고력을 보여주는 것으로 나타났다. 창의성을 용납하지 않는 학교의 주입식 교육 외에도 점검해야 할 부분은 많았다. 청소년기에는 또래집단을 따라야 한다는 압박이 크고 실수로 주목을 끄는 걸 싫어하기 때문에 창의성이 발현되기 어렵다. 하지만 포기할 필요는 없다. 추상적인 개념을 이해하고 조작 능력이 발달하는 청소년기에 적절한 환경을 갖춰준다면 창의력은 유아기보다 더 높은 차원으로 발달할 수 있기 때문이다. 다만 이에 앞서 먼저 점검할 것이 있다. 바로 창의력을 가로막는 '고정관념'이다.

조별 과제를 수행하고 있는 미래학교 학생들

체크 리스트
☐ 항상 한 가지 정답이 있다고 생각한다.
☐ 항상 논리적이어야 한다고 생각한다.
☐ 내 관심 분야가 아닌 것은 신경 쓰지 않아도 된다고 생각한다.
☐ 실수를 해서는 안 된다고 생각한다.
☐ 자신을 창의적이지 않다고 생각한다.

미래학교 아이들도 한 번씩은 토로했던 고정관념들이다. 아이들이 이러한 고정관념을 털어버릴 수 있었던 건 '창의성 수업'이라는 별개의 과목이 아니라, 친구들과 함께 했던 협력 수업과 해커톤과 같이 몰입이 필요했던 프로젝트 덕분이었다. 미래학교 교사들이 아이들의 창의적인 생각을 이끌어내기 위해 쓴 대화법을 소개한다. 미래학교 학생들 역시 아래의 문장들을 자주 사용하며 서로의 아이디어를 자극했다.

창의성 핵심 요소	여는 말
유창성	○○한 모든 것을 열거해볼까? ○○한 열 가지를 써볼까? ○○의 이유는 어떤 것들이 있을까? 만약 ○○한다면 어떤 것들을 할 수 있을까? ○○했을 때 어떻게 느꼈는지 말해보자
유연성 /융통성	○○의 대안은 어떤 게 있을까? ○○와 △△를 비교해보자 이것들의 유사성과 차이점은 무엇이지? 다르게 할 수 있는 방법이 몇 개나 더 있을까? ○○에 대해서 다섯 가지 이유를 생각해보자
독창성	○○을 만들어보자 ○○을 할 수 있는 평범하지 않은 방법을 생각해보자 여기 있는 것들을 모두 사용해서 ○○을 만들어보자
정교성	○○을(구체적인 방법을 사용해서) 개선해보자 ○○을 대체해보자
상상력	만약 ○○라면 어떨까? 상상(생각)해보자

미래학교 교사들은 '시계를 맞춰놓고 문제를 푸는 것'을 창의적 사고를 막는 대표적인 공부 방법으로 꼽았다.

공부가 아니라 매일 모의시험을 보는 거죠. 주입식으로 배운 걸 암기력을 이용해 푸는 훈련에 불과해요. 실수 없이 좋은 성적을 받을 수는 있겠지만 창의적 사고는 말라버립니다.

디지털 네이티브의 창의성을 키우는 읽기

미래학교에서 마인드맵을 지도한 외국 선생님들은 '디지털 네이티브에게는 읽기 교육이 점점 중요해질 것'이라고 입을 모았다.

아이들이 마인드맵을 정리하다가 모르는 부분은 검색을 합니다. '이런 정보는 어디서 찾았어?'라고 물어보면 출처를 몰라요. 이건 미래학교뿐 아니라 일반 교실에서도 흔한 사례예요. 가짜 내용인데도 무비판적으로 읽고 받아들이는 거죠.

언제든 검색이 가능한 인터넷 환경 덕분에 디지털 네이티브들은 수많은 뉴스, 논문, 전자책 등을 접하게 된다. 전통적인 독서를 포함해 효율적인 읽기 능력을 키우는 방법에 대해 오랜 경력을 가진 선생님의 조언을 소개한다.

무언가를 읽을 때는 두 가지를 염두에 두길 바랍니다. 내용 중에서 정보나 아이디어를 찾아내는 것이 '읽기'고, 그 가운데서 어떤 정보를 취사 선택할지 판단하는 과정은 '비판적 사고'입니다. 어떤 문장이든 이 두 과정이 함께 합니다. 예를 들어 '미래학교는 학생들의 실력 향상을 위해 A.I.를 이용했다.'라는 문장의 정보 파악, 즉 '읽기'는 어렵지 않습니다. 하지만 '비판적 사고'는 이것이 사실인지 판단하고 독자적인 판단을 내리는 겁니다. 'A.I.를 이용하는 게 실력 향상에 효과가 있는가.', '실력 향상이란 무엇인가.'와 같은 내적인 질문을 던지는 거죠.

선생님들은 '무엇을 읽고 있는지 끊임없이 자신에게 질문을 던지면서, 그 질문에 대한 답을 찾다 보면 이해력도 높아진다.'고 강조한다.

미래 역량인 소통과 협력은 가정에서 자란다

A.I.와 인간 교사들이 만장일치로 소통과 협력에 있어 최고로 꼽은 인도 학생이 있다. 팀 토론에서 팀원들의 의견을 묻고, 확인하고, 진행하느라 본인이 발언을 하지 못할 정도였다. 하지만 그 과정에서 누구도 소외시키지 않았다. 팀별 활동에서 항상 조율 역할을 맡았는데 팀원들이 가진 불만을 듣고 정리, 전달하는 과정에서 서로의 오해를 풀어주기도 했다. 또래학습에서 자신의 지식을 전달하는 데도 뛰어났지만, 아는 부분이라도 넘기지 않고 경청해주는 모습을 보여줬다.

단순히 영어 실력이 뛰어나서라고 생각했던 EBS <미래학교> 팀은 아이의 가정을 방문하고서야 아이의 소통 능력이 가정교육에서 비롯됐음을 알 수 있었다. 프로그래머로 일하는 아버지는 아이의 사춘기 무렵부터 아이와의 관계를 위해 함께 할 대화 주제를 찾았던 것이다.

인도의 지방은 도로 사정이 매우 열악합니다. 지난번에는 구글 지도만 믿고 가족 여행을 떠났다가 애를 먹었을 정도죠. 지도에 표시된 길이 다 비포장 도로였거든요. 차량에 손상이 가지 않는 길은 없는지, 일일이 검색해야 했죠. 그래서 딸과 '도로 사정을 알려주는 애플리케이션을 만들어보면 어떨까.'라는 주제로 이야기를 나눴죠. 딸도 '다른 사람을 도울 수 있는 일'이라고 찬성했고, 현재 그 애플리케이션을 직접 만들고 있습니다. 제가 자문을 해주고요.

자칫 관계가 나빠질 수 있는 사춘기의 딸과 아버지는 같은 관심사와 공동 작업으로 좋은 관계를 유지했다. 아직 어린 딸을 동등한 개발자로 대우해주는 아버지의 배려가 딸에게도 이어진 것일까? 딸은 엄마의 컴퓨터 선생님이기도 하다.

아버지는 항상 제게 영감을 불어넣어주세요. 주말마다 짬을 내서 저를 가르쳐주시고 애플리케이션 개발에 문제가 생기면 조언을 해주시기도 하죠. 실력 차이는 분명하지만 동등한 동료로 인정해주는 아버지의 모습에서 저도 다른 사람을 대하는 방식을 배울 수 있었습니다.

영어가 능통하지 않은데도 온라인 소통과 협력 수업에서 두드러진 성과를 냈던 한국 아이는 기존 학교에서도 조별 과제에 최선을 다했다고 한다.

사회 현장학습 발표를 준비하고 있는 미래학교 학생들

더 열심히 하죠. 한국어로 해도 되니까요. 그런데 제가 열심히 해도 아이들은
'넌 머리가 너무 좋아서 반칙'이라고 말해서 서운할 때도 있어요. 전 정말 잠도
안 자고 열심히 한 건데 말이에요.

아이가 자주 접속하는 사이트가 있다. 프로그래머들이 오류가 난 소스를
올리고 도움을 구하는 사이트다. 동시간에 접속한 사람들은 서로 의견을 나
누며 함께 답을 찾는다. 아이는 얼마 전까지 프로그래머인 어머니에게 C언어
를 배웠지만 이제는 인터넷을 통해 자습한다.

아이는 저처럼 전공으로 배웠던 방식과는 다르게 배워야 한다고 생각해요.

공부로 접근하면 안 되는데 저는 자꾸 제가 배웠던 식으로 가르치려고 하더라고요. 그래서 아이와의 대화를 위해서 자주 같이 책을 읽어요. 당시 생활상, 법 제도 같은 걸 함께 읽으니까 얘깃거리가 많아져서 아이와 더 많은 대화를 하게 됐습니다.

프로그래머를 꿈꾸는 아이를 위해 어머니가 일부러 강조하는 것이 있다.

제가 일을 해보니까 정확하게 의사소통을 하고 프로젝트를 함께 하는 팀워크를 갖춘 프로그래머가 드물더라고요. 자신의 프로그램을 상대방에게 잘 이해시키고, 이견이 있으면 조율할 줄도 알아야 하는데요. 그래서 조별 과제 같은 게 있으면 무조건 우선시하는 편이에요. 다른 아이와 비교하는 말은 절대 안 하죠. 경쟁자로 여기면 협력이 되겠어요?

2 디지털 네이티브의 생태계 이해하기

디지털 이민자,
디지털 네이티브를 만나다

부모는 아이에게 화가 나 있었다.

볼 때마다 인터넷을 하고 있더라고요. '과제 때문에 자료 찾는데 이것만 끝나면 공부할 거다.'라고 말하는데 밤늦게까지 인터넷을 하고 아침에 잘 일어나지 못할 때가 많아서 화가 납니다.

결국 얼마 전 부모는 특단의 조치를 취했다. 인터넷을 뒤져 공유기를 이용해 시간제한을 하는 방법을 찾아낸 것이다.

하루 두 시간으로 제한해버렸어요. '과제도 무조건 그 시간 안에 끝내라.'고 했죠. 물론 저희도 집에서 스마트폰을 쓰지 못해서 불편하죠. 그래도 어쩔 수가 없더라고요. 안 그러면 아이한테서 눈을 뗄 수가 없어요.

인터넷 사용을 둘러싼 부모와 아이의 마찰은 진정한 평화를 맞았을까? 부모가 잠시 자리를 뜨자 아이가 갑자기 목소리를 낮췄다.

별로 불만 없어요. 사실은 인터넷을 마음껏 쓰고 있어요. 아무리 막아도 소용없어요. 저는 다 뚫을 수 있어요.

부모가 몇 시간에 걸쳐 알아낸 묘안을 아이는 별 어려움 없이 해결해버렸다. 소위 '디지털 습성'을 가지고 태어난다는 디지털 네이티브와 그 이전의 세대인 디지털 이민자 사이에는 보이지 않는 전선이 형성된 상태다. 물론 모두 적대적인 것은 아니지만 낯설기는 마찬가지다.

노르웨이 학생의 부모님은 프로그래머다. 오랫동안 일을 해온 만큼 하드웨어와 소프트웨어에 대해서는 잘 알고 있지만, 디지털 네이티브인 아이들의 문화만큼은 도통 익숙해지지 않는다고 고백했다.

우리 때는 친구들과 함께 과제를 하려면 미리 전화를 해서 약속을 잡았죠. 그런데 우리 아이들은 그런 과정 없이 그냥 스마트폰으로 12명이나 되는 아이들이 의견을 나누고, 순식간에 뭔가를 만들어내더라고요

싱가포르 학생의 학부모는 주변 선생님이나 책에서 도움받기보다 검색엔진을 먼저 켜는 아이가 신기하다.

아이가 자주 쓰는 '베프'라는 말의 뜻이 '제일 친한 친구'라는 베스트프렌드의 약자더군요. 아이들의 용어를 따라가기 벅찬 게 사실입니다.

식탁에서 휴대폰 자판을 눌러대는 아이가 '베프'라며 인스타그램 채팅창을 보여주는 순간, 부모들은 당황한다. 아이가 실제로는 단 한 번도 만난 적 없는 지구 반대편의 친구와 대화를 나누고 있었던 것이다.

태블릿을 이용해 수업 중인 노르웨이 용 스쿨Jong School의 초등교실

요즘 아이들은 다 저희 아이 같은가요? 반 친구들도 있고, 다른 또래 친구들도 있는데 어떻게 얼굴 한 번 보지 못한 아이와 친해질 수 있죠? 혹시 스마트폰 중독이 아닐까 싶어 걱정할 때도 있는 게 사실이에요.

궁금해진다. 아이들은 과연 디지털 기기 활용을 모국어처럼 자연스럽게 익히는 네이티브인가? 오늘날 우리가 흔히 쓰는 용어가 있다. 바로 앞에 쓰인 디지털 네이티브Digital Natives와 디지털 이민자Digital Immigrants다. 이민자가 디지털 기술을 배우고 익혀서 사용한다면, 네이티브는 태어나면서부터 디지털 기술에 노출된 까닭에 실생활에서 편하게 이용하는 세대라고 정의할 수 있다. 해당 용어는 미국의 미래학자 마크 프렌스키의 논문에서 처음 등장했다. 프렌스키는 2001년 미국 대학 졸업 시점을 기준으로 디지털 기기에 노출된 시간을 세대 구분에 사용했다.

책을 읽는 데는 500시간 미만, 1만 시간 이상의 비디오게임과 TV 시청 2만 시간. 컴퓨터 게임, 이메일, 인터넷 휴대전화와 인스턴트 메시지가 생활의 필요 불가결한 요소인 세대가 바로 디지털 네이티브로 대략 1980년대 이후 출생자가 이에 해당한다.

물론 나라별로 컴퓨터와 인터넷 노출의 차이가 있겠지만, 한국 나이로 30대 후반까지가 디지털 네이티브 세대인 셈이다. 해당 세대는 현재 교단에 서 있고 또 학부모가 됐다. 하지만 이들 중 그 누구도 현재의 아이들처럼 디지털 네이티브라고 자신하지 않는다. 누가 가르쳐주지 않아도 본능처럼 디지털 기기를 다루는 아이들을 신기하게, 때로는 우려 섞인 시선으로 쳐다볼 뿐이다. 심지어 중학교 시절부터 스마트폰을 접했다는 20대 제작진조차 '요즘 아이들은 또 다르다.'고 생각한다.

네 살 정도 아이인데 아직 한글을 몰라요. 검색은 못하지만 스마트폰을 켜거나 끄고, 광고를 건너뛰고, 좋아하는 장면을 다시 찾아서 보는 등 누가 가르쳐주지 않아도 혼자 기기를 잘 다루는 걸 보면 너무 신기해요. 우리 세대랑은 또 다른 것 같아요 지난 2005년 스마트폰 등장 이후, '스마트폰을 쥐고 태어난 아이들'만으로 디지털 네이티브의 범위를 좁혀보자. 미래학교 아이들, 바로 당신의 자녀들이다.

피할 수 없는 인터넷 노출, 얼마나, 어떻게 허용할 것인가?

아이는 주말 아침 일찍 일어나 거실로 달려 나갔다. 같은 방을 쓰는 쌍둥이 동생과 함께 좋아하는 컴퓨터 게임을 할 요량이다. 이미 아버지가 컴퓨터가 보이는 소파에 앉아 있지만 아이들은 거리낌이 없다. 각자 헤드폰을 끼고 온라인 게임에 집중한다. 그렇게 주말 오전이 지나가지만 아버지는 아이들의 게임을 지켜볼 뿐이다.

아이들한테 주말에는 집을 PC방으로 여기라고 말했어요. 거실에 게임하기 좋은 사양의 컴퓨터를 두 대 놔주고, 청소년에게 허락된 게임이면 하라고 합니다. 저는 요즘 게임을 잘 모르지만 뒤에서 지켜보는 편이고요

하지만 아이가 초등학교 고학년이 되어 게임에 지나치게 빠져든다 싶을 무렵, 부모의 고민도 깊어졌다.

지나치게 간섭하고 싶지는 않지만 우리 세대가 온라인에 대해서는 잘 모르니

까 '아이들을 방치하는 거 아닌가, 위험한 거 아닌가, 중독되는 건 아닌가.' 등의 걱정에 부부가 상의를 많이 했죠. 최종적으로 '게임을 그렇게 좋아하면 그걸 이용하자.'라는 결론을 내렸어요.

부모는 아이들을 코딩 학원으로 이끌었다. 컴퓨터 게임이 어떻게 만들어지는지 알 수 있는 곳이라는 소개를 받은 뒤였다. 그렇게 아이들은 처음 코딩을 접했다. 블록코딩을 넘어 C언어, 파이썬 등 아이들은 금세 프로그래밍에 매료됐다. 몇몇 간단한 게임도 직접 제작하고 있으며 현재도 계속 개발 및 개선 중에 있다.

학원을 다니고 나서 '내가 하던 게임이 이렇게 만들어지는구나.'라는 걸 알게되니까 재미있어요. 아직 제가 만든 게임은 아주 단순하지만 실력을 더 쌓은 뒤 어엿한 프로그래머가 되면 더 멋진 게임을 만들 수 있겠죠.

아이는 주말로 제한된 게임 시간을 불만 없이 따르고 있다. 단순한 게임 유저가 아니라 개발자가 되고 싶다는 생각으로 게임을 한다. 게임을 고르는 방법도 달라졌다.

이제는 게임을 할 때 '이건 어떻게 만들었을까.'라는 생각을 해요. 직접 플레이를 해보고 '나라면 이렇게 했을 텐데.'와 같은 생각을 하기도 하고요. '내가 게임 프로그래머 혹은 개발자라면'이란 이름의 역할 놀이인 셈이죠.

부모는 앞으로도 아이들의 주말 게임을 허용할 방침이다. 아직까지 약속을 어긴 적 없는 아이들을 믿기 때문이다. 게임을 즐기기 위해 아이들의 주중 일정은 오히려 더 바빠졌다. 학교 숙제와 수행평가도 열심히 해야 하기 때문이다.

집에서 게임을 지나치게 막으면 아이들은 부모 몰래 PC방에 가죠. 그런 경우를 너무 많이 봤기 때문에 저희는 약속만 지키게 하고 최대한의 자유를 보장하는 편입니다. 그러고 나니 주말 게임 시간도 아이들이 조절하기 시작하더라고요.

미래학교 학부모들이 인터넷 시대의 아이를 지키는 방법은 다양했다. 자신도 모르는 사이에 스마트폰 게임에 중독됐다는 한 학생은 부모의 휴대전화 사용 제한과 감시에 반항을 했다고 한다.

저는 제가 스마트폰에 그렇게 많은 시간을 쓰는지 몰랐어요. 게임 단계가 계속 올라가니까 재미있어서 시간 가는 줄 몰랐던 거죠.

아이와의 갈등이 불거질 무렵, 부모는 잔소리를 멈췄다. 대신 아이에게 야외 활동을 할 수 있는 모임을 소개했다.

아이가 스마트폰만 들여다보는 통에 가족과 말도 하지 않을 정도였죠. '공부는 내가 알아서 하는데 왜 핸드폰 사용까지 간섭하냐.'고 소리 지를 만큼 중독 돼 있었어요. 아이가 스스로 깨닫게 하기 위해 자연 속에서 더 많은 사람들을 만나게 했습니다.

아이는 또래 친구들과 숲에 가고 바자회에 참여하는 등 다양한 경험을 통해 천천히 게임 중독에서 벗어났다. 짧게 표현했지만 몇 달에 걸친 긴 과정이었다.

돌아보면 공부 스트레스를 스마트폰 게임으로만 풀었던 것 같아요. 최고 단계까지 올라가겠다는 승부욕도 있었고요. 하지만 스마트폰 밖의 세상에도 제가 도전해볼 만한 게 많더라고요.

'무조건 금지' 혹은 '무관심적인 허용'으로 나뉘는 양극단의 강요보다는 아이들에게 다양한 선택지를 주는 것이 중요하다. 이에 대한 미래학교 학부모들의 고민은 지금도 진행형이다.

아무래도 사춘기를 거치는 아이들이니까 하루가 다르죠. 인터넷과 스마트폰 이용에 대해 아이와 대화를 많이 나눕니다. 너무 의존한다는 판단이 들면 가족끼리 할 수 있는 활동을 제안하죠. 함께 나들이를 가고 운동을 하는 등 끊임없이 조정해야 해요. 저 역시 아이들이 볼 때는 스마트폰을 보지 않으려고 노력하고 있습니다.

내 아이의 외계어, 코딩을
부모는 얼마나 이해해야 하나

초등학교에 코딩이 정규 과목으로 도입되자 학부모들은 적잖이 낭황했다. 부모 세대에게는 낯선 과목이기 때문이다. '코딩에 대해 전혀 모르는데 가르칠 수 있을까.', '지금부터 코딩을 공부해야 하나.'라는 고민을 하는 학부모도 있었다.

학부모가 코딩을 알아야만 가르치는 게 가능할까? 미래학교의 학부모 중에는 노르웨이, 인도, 한국에 걸쳐 세 명의 프로그래머가 있었지만 특정 컴퓨터 언어를 지도하는 데 중점을 둔 경우는 없었다. 그저 아이가 관심을 보이면 그와 관련된 인터넷 사이트를 접하게 해줬을 따름이다.

아이들이 배워야 할 건 특정 프로그래밍 언어가 아니라 A.I.가 가져다줄 기술을 미래에 이용하고 향유하는 방법이죠. 코딩 교육은 미래를 살아나가는 데 필요한 문제 해결력을 키우는 데 효과적인 도구일 뿐입니다.

미래학교의 정보 교사가 코딩을 세세하게 지도하지 않았던 것을 기억하자. 아이들은 문제 해결(바퀴 움직이게 하기, 불 들어오게 하기 등)을 위해 여러 차례 시도와 실패를 반복하면서 이에 대한 지식을 익혀나갔다. 이러한 과정을 통해 코딩이 어려운 것이라는 선입견을 넘어서자 아이들은 스스로 자료를 찾아 좀 더 복잡한 과제에 도전했다. 코딩으로 악기 만들기, 게임 만들

일반적인 중학교의 정보 교과 수업

기 등이다. 미래학교 부모들은 아이에게 코딩을 가르치기보다는 오히려 '학교에서 배운 것을 우리에게 가르쳐달라.'는 방법으로 흥미를 갖게 했다.

저는 행정직이라 전산 프로그램을 다룰 줄 알아요. 하지만 코딩에 대해서는 전혀 모르죠. 그런데 아이가 자신이 배운 걸 저와 나누고 싶다고 말하며 시범을 보여주더라고요. 그래서 검색을 해보니 무료 학습 사이트도 많더군요. 지금은 아이와 동영상 강의를 들으며 함께 배우고 있습니다.

이처럼 아이를 코딩을 접할 수 있는 학습 사이트와 코딩 교육 플랫폼 등으로 유도하는 것만으로도 좋은 지도가 된다는 사실을 기억해야 한다.

디지털 네이티브의
초시공간 학습법

미래학교 학생들은 인터넷을 통해 스스로 학습하는 데 익숙했다.

동영상을 보면서 탁구를 배웠어요. 입문용 강좌가 많이 있고 더 관심이 생기면 선수들이 하는 경기를 찾아서 보면 되니까요. 학교에서는 한 번만 가르쳐 주는데 동영상은 반복해서 볼 수 있다는 점이 좋았어요.

기타는 동영상을 보면서 혼자 연습했어요. 다른 학원을 다녀야 해서 기타 학원까지 다닐 시간은 없거든요.

아이들의 이러한 모습은 부모 세대에게는 신기하면서도 낯설다.

아이가 수행평가 때문에 동영상 편집을 공부해야 한다는 거예요. 저는 당연히 공부라고 하니까 책부터 사다 줬죠. 그런데 그 책은 들춰보지도 않고 유튜브를 몇 개 찾아보더니 금세 곧잘 하더군요. "책 좀 봐."라고 잔소리하다가도 '내가 너무 구식인가.'라는 생각이 들었습니다.

수업에서 배우지 않은 코딩에 도전할 때도 아이들은 유튜브 검색을 우선했다.

책보다 이해하기가 쉬워요. 또래 친구가 이렇게 코딩을 잘하니까 경쟁심도 들어서 더 열심히 하게 되죠.

디지털 네이티브들은 시간과 공간을 넘어서 학습하는 특징을 가지고 있다. 인터넷과 첨단 기기의 발전으로 이런 경향은 더 강화될 것으로 보인다. 단 이러한 경향은 아이들이 자신의 시간에 맞춰 다양한 학습 정보를 구할 수 있다는 장점이 있는 반면, 학습적인 면에서 검증되지 않은 내용에 대해서는 스스로 주의를 기울여야 한다는 단점이 있다.

미래학교에서 소개된 다양한 교육 플랫폼에서는 각자의 관심 분야에 따라 학습량이 달라지는 모습을 보였다. 수학 수업에 활용된 온라인 사이트에서는 미국 교과과정에 따른 다양한 과목의 강의가 제공됐다. 과학 과목 중 화학이 가장 좋다던 한 아이는 꽤 높은 수준의 강의까지 흥미롭게 보고 있었다.

학교에서는 그 단원이 1학년 때는 안 나오거든요. 그래서 과학 서적을 보는 걸로 만족했었는데, 온라인 플랫폼에는 있더라고요. 영어라 조금 힘들긴 했지만 재미있어요.

아이들이 이용할 수 있는 교육 플랫폼으로 디지털 네이티브의 초시공간적인 학습을 이끌어낼 수 있다.

3 미래학교

시간표를 엿보다

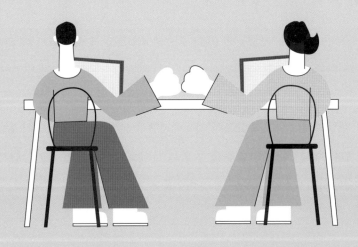

미래의
좋은 학교란

아이의 부모가 학교를 고르는 기준은 매우 깐깐했다.

아직 진로를 정하지 않았지만 그래도 특목고나 자사고를 많이 보낸 학교가 명문 중학교인 건 부정할 수 없잖아요. 그래서 그걸 먼저 알아봤고 관련 내용을 꼼꼼히 비교했어요. 학교마다 특색이 있지만 아이가 진학 후 해야 할 프로젝트에 적합하면 아무래도 학생부 작성에 도움이 될 테니까요.

부모의 체크 리스트는 끝이 없었다. 대입 자기소개서에서 창의적으로 해석될 만한 동아리가 있을지, 독서부 작성을 위해선 책을 많이 읽어야 하는데 책은 얼마나 소장하고 있는지 등 이미 머릿속은 대학 입시에 필요한 서류들로 채워지고 있었다. 반면 수업이나 교사에 대한 정보는 별로 개의치 않았다.

어차피 학원에 보내야 하니까요. 지금은 수학하고 국어만 보내는데 아이가 원하면 다른 과목도 등록해야겠죠. 당장 내년부터는 시험을 봐야 하니까요.

학생의 수준별 맞춤교육이 가능해지면서 선행학습의 필요성이 없어지고 언제, 어디서든 강의를 들을 수 있는 시대에 좋은 학교의 기준은 다시 정립돼야 하지 않을까? 싱가포르의 아이들은 초등학교 졸업시험PSLE 후, 중학교를 선택한다. 학교에 따라 최저 점수가 있긴 하지만 아이들과 부모가 가장 먼저 고려하는 것은 프로그램과 CCAs Co-Curricular Activities, 방과 후 활동이다. 미래학교의 학생이 다닌 싱가포르의 학교는 비행 디자인 전문 교육을 포함하고 있었다. 좋은 학교의 기준은 우리나라와는 사뭇 달랐다.

아이의 결정이 우선이죠. 비행기에 관심이 있고 시설을 마음에 들어 했어요. 학교 관계자를 만나고, 선생님들과 대화도 나눴죠. 학생들에 대한 지원이 풍부하다는 점을 확신한 후 입학을 결심했습니다.

아이는 학교 개방 행사에 참가하고 실습 시설까지 둘러본 후 지원을 결정했다고 했다.

제가 좋은 학교라고 생각한 건 '이 학교에는 내 관심사를 직접 체험할 수 있는 설비가 모두 돼 있다.'는 점이었어요. 아직 신입생이라 다 배우지는 못했지만, 비행 시뮬레이션 수업에 풍속을 조절할 수 있는 터널도 있어요. 응용학습 프로그램에만 선발되면 모두 배울 수 있는 거죠.

실제로 미래학교가 끝난 뒤, 제작진은 싱가포르 학교를 방문하고 크게 놀랐다. 방학 동안 비행기 제작 활동서를 낸 학생은 단 한 명이었지만, 승인을 거친 학교는 아이를 위해 선생님을 배정하고 필요한 물품을 구입해준 것이다. 제작진의 놀라움에 아이도 선생님도 당연하다는 듯 반문했다.

미래학교의 시간표
해독하기

전 세계의 미래 교실에서는 영어, 수학, 과학 등의 과목별 경계가 흐려지고 있다. 더 나아가 우리에게 익숙한 기존 과목은 모두 사라질 것이라는 전망도 나온다. 예를 들어보자. '코딩 교육'이 가장 선진적으로 이뤄진다는 핀란드의 학교 시간표에는 '정보'나 '코딩'이라는 과목명을 찾아볼 수 없다. 대신 코딩 교육은 모든 과목에 단계적으로 스며들어 있다. 초등학교 1학년 수학 시간에는 기본적인 컴퓨터 사용법을 수학과 연계해 배우고, 3학년부터는 공작 시간에 적용되는 식이다. 여기에는 컴퓨터를 사용하지 않고 코딩의 개념을 이해하는 '언플러그드 코딩'도 포함된다.

체육 시간에 이어달리기를 통해 루프(종료 조건이 성립할 때까지 반복 실행되는 명령)를 설명하고, 공작 시간에 뜨개질을 통해서 패턴 찾기에 대해 배우기도 합니다.

과목별로 부과된 주당 의무교육 시간과 45~50분 단위로 구분된 수업 시간에도 변화가 오리라는 예상도 있다. 주제통합수업의 경우, 두 명 이상의 선생님이 두세 시간의 블록학습 형태를 구성할 수도 있다. 노르웨이의 경우 주제통합은 하루 두 시간, 일주일 열 시간의 블록학습 시간을 제공하고 두 개의 전공과목을 가진 교사를 양성하고 있다.

전 세계 교육 전문가들의 관심을 모으고 있는 핀란드의 PBL 수업은 같은 학교, 같은 학년이라도 제각기 다른 시간표를 배정받는다. 필요에 따라 현장 방문을 하기도 하고 전문가 인터뷰 등 커리큘럼을 자유롭게 구성하기 때문이다.

EBS <미래학교> 역시 세 시간의 블록학습을 시도했었다. 특히 교사의 강의 중심이 아닌 블록학습 시간은 매우 효과적이었다. 수동적인 지식 암기가 아니라 학생들의 아이디어와 협력이 주가 되는 능동적인 수업이 높은 학습 효과로 이어진 것이다.

수업 디자인의 변화에 따라 달라지는 아이들의 시간표에 미리 겁먹을 필요는 없다. 같은 나이의 전 세계 아이들은 이런 학교 수업을 통해 자신의 시간을 조절하고, 효과적인 학습법을 깨달으며, 미래의 역량을 배워가고 있기 때문이다.

미래학교 교사들이 추천하는 비영리 교육 플랫폼

Khan Academy

미국 학교에서는 학생이 수업 내용을 이해 못했다고 하면 교사가 가장 먼저 추천하는 게 이 플랫폼입니다. 사용자의 70퍼센트가 미국에 몰려 있는 이 플랫폼은 이공계 과목 위주지만 초등학교 수준부터 SAT까지 콘텐츠의 폭이 넓다는 장점이 있습니다.

Ted-ed

강연회와 동영상 자료가 있는 Ted는 이미 많은 사람들이 이용하고 있습니다. 영어 수업 시간에는 5~10분 정도의 Ted-ed 동영상을 보여주기도 합니다. 한글과 영어 대본도 제공되기 때문에 언어와 상관없이 콘텐츠를 이용할 수 있습니다.

EBS이솝

이솝에서는 아이가 공부하는 블록코딩에 따라 홈페이지에서 교육을 지원하고 있습니다. 이솝에는 각 블록코딩 강의 동영상이 있고 퀴즈와 같은 활동도 포함돼 있습니다.

미래를 만들어갈 아이들, 그들이 살아갈 세상을 상상하라

EBS <미래학교>가 방송된 후 시청자의 반응은 부러움 반, 우려 반이었다. 다양한 문화권의 학생들이 함께 하는 15명 이내의 소규모 학급, 학생의 흥미와 자신감을 높이는 교수법, 몰입을 가능하게 하는 첨단 기기를 이용한 학습법 등에는 긍정적인 반응이 이어졌다. 다시 한 번 운영된다면 내 아이를 보내고 싶다는 문의도 쇄도했다.

하지만 한편으로는 우려 섞인 회의론도 있었다. '창의성, 협력, 의사소통, 메타인지 등의 미래 역량의 중요성에는 충분히 공감하지만, 과연 학교에서 평가할 수 있는 역량인가.'라는 불신이 여전히 도사리고 있었다. 또한 '수학, 과학, 사회 등 익숙한 과목의 경계가 사라지고 과목별 시험이 없어진다면 아이들은 무엇을 학습할 것인가.'라는 의견도 있었다.

하지만 단 2주간의 짧은 기간에도 불구하고 아이들은 '미래 역량'에서 놀라운 변화를 보여줬다. 같은 수업에 참여하면서도 각기 다른 분야의 발전이 이뤄진 것이다. 학업성적은 높지만 다른 아이들을 이해하고 설득하는 게 시간 낭비처럼 느껴졌다는 한 아이는 공동 작업을 하면서 협력성을 키워갔다. 특정 과목에 취약했던 아이는 맞춤수업이 가능한 A.I.의 도입과 인간 교사의 개별적인 관심으로 전체 과목에 대한 흥미와 자신감(PISA 지수)이 높아졌다. 또래보다 이해도가 떨어진다고 고민하던 아이는 창의적인 문제 해결 능력을 인정받자 다른 과목에 대한 자신감을 얻었다. '학교 갔다 와서 스스로 책상에 앉는 아이를 처음 보았다.'는 학부모도 여럿이었다.

학습에 대한 관심도 함께 커졌다. 지금까지 문제풀이의 결과만을 평가받던 아이들의 학습 계획과 효과적인 학습 방법에 대한 메타인지 때문이다. '학교에 왜 가는가?'에 대한 질문에 한참을 침묵한 후 '의무교육이니까'라는 대답을 내놨던 아이들이 학교에 대해, 그리고 미래에 대해 생각하기 시작한 것이다. 12명의 아이들은 자신의 강점과 취약점을 누구보다 정확하게 파악하고 있었다. 암기력만 믿고 학교 수업을 등한시하던 아이는 원리를 깨우치면 학습 효과가 배가된다는 사실을 깨닫고 전문 서적까지 읽었고, 숫자에는 강하지만 실생활에 연결하는 데 서툴렀던 아이는 다양한 관심사를 가진 친구들과 이야기를 나누며 여러 분야에 걸친 독서를 시작했다. 미래학교를 통해 아이들이 자신만의 학습 비결을 쌓기 시작한 것이다.

또한 과목별로 굳어져 있는 것처럼 보였던 벽이 낮아지면서 여러 수업을 아우르는 융합적 사고가 가능해졌다. '왜 수학을 공부해야 하는지 모르겠어요', '전 과학 중에서도 화학만 좋아해요', '대학처럼 원하는 과목만 공부하면 안 되나요?' 등을 묻던 12명의 아이들은 처음 접하는 과목에서도 자신이 희망하는 진로와 연결되는 통로를 찾아냈다. 코딩을 통해 자신의 음악적 재능을 표현하고, 수학이 경제의 기초가 되는 통계와 자료 분석에 이용된다는 걸 깨달은 후 교과서에 있는 지식을 어떻게 실생활과 연결할 것인가를 고민했다. 아이들이 학습의 진정한 목표를 깨닫는 시간이었다.

이러한 영향은 미래학교가 끝난 뒤에도 이어져, 미래에 대한 아이들의 기대와 자신감으로 나타났다. '엉뚱하다'라는 평을 듣던 대답이 미래에는 혁신적인 생각으로 인정받고, 공부를 제일 잘하지는 않지만 조율과 중재에 능한 소통 능력이 미래 인재의 조건이라는 걸 알게 됐기 때문이다. 부모 세대가 A.I.와의 직업 경쟁을 걱정할 동안 디지털 네이티브들은 이미 미래를 설계하고 있었다.

현재 학교와 학습에 대한 애착은 더욱 커졌다. 그간 고역으로 느껴졌다는 수행평가의 항목들-창의성, 협업, 소통, 자기주도력(메타인지)- 중 하나를 골라 자신의 강점으로 만들었다. 아이들은 수학 문제를 빠르고 정확하게 풀어내기보다 남과는 다른 접근을 시도하고, 자신의 의견을 고집하기에 앞서 다른 이의 말을 먼저 경청했으며, 옆 자리 친구와 협력하는 것이 더 좋은 결과를 만들어낸다는 사실을 깨달았다. 바로 이것이 미래학교가 아이들에게 보여주고자 한 미래 인재의 조건이었다. 그 과정에서 아이들이 보여준 것은 A.I.와 AR 등의 첨단기술 도입이 저절로 미래 역량을 키워내는 게 아니라는 점이었다. 선생님의 일방적인 강의가 아니라 친구와 자유롭게 의견을 나눌 수 있을 때, 10대의 설익어 보이는 아이디어가 존중받을 때, 시행착오를 학습 과정으로 인정받고 다시도전할 기회가 주어질 때, 비로소 아이들은 창의, 협력, 소통이란 이름의 날개를 펼칠 수 있었다.

현재 학부모들에게도 새로운 도전 과제가 던져진 셈이다. '스마트폰을 손에 쥐고 태어난' 디지털 네이티브에게 첨단 기기의 절제를 가르치면서도 허용해야하고, 온오프라인에서 자유롭게 의견을 교환하는 과정에서 스스로 배우는 아이들만의 새로운 학습법을 인정해야 한다. 학교 성적이 아니라 자신이 정한 과제와 수준에 도달하려 할 때, 아이들의 메타인지는 성장한다는 사실을 기억해야 한다.

어렵지만 이러한 도전 과제는 동시에 기회이기도 하다. 강의식 수업, 기출문제 위주의 사교육은 공교육에서 제공하는 온라인을 통해 대체될 수 있기 때문이다. 미래학교에서 증명됐듯 지나친 사교육과 선행학습은 단기적인 시험 점수를 높일 수는 있을지 몰라도 미래 역량을 키우지는 못한다. 학습에 대한 흥미가 떨어질 뿐 아니라, 남과 다르게 생각하는 창의성이 크게 저해되는 까닭이다. 오히려 창의성은 사전 지식 없이 수업을 즐기는 아이들에게서 높은 향상을 보였다.

EBS <미래학교>는 미래의 학부모에게 '얼마든지 기회가 열려 있다.'는 메시지를 전하고자 한다. 미래 역량을 키우는 '미래학교'의 조건은 가정에서 언제든 적용될 수 있기 때문이다. 가족 간의 대화와 10대 자녀의 의사 결정에 대한 존중이 있을 때, 아이의 소통력은 비교할 수 없이 커진다. 부모가 친구와 획일적인 비교를 멈출 때, 아이들의 협력심은 살을 찌운다. 시험 성적에 일희일비하지 않을 때, 아이는 다시금 자신감을 갖고 자신만의 학습법을 찾아 도전하고 끝내 자신이 정한 목표를 이루어낸다.

미래 우리 아이의 변화는 무한대다. 현재 교사의 역할은 A.I. 교사에게 분담되고 학교라는 공간은 온라인으로 확장되고 대체된다. 성적표는 역량표(e포트폴리오)로 변할 수 있다. 하지만 시대가 아무리 바뀌어도 대체될 수 없는 것이 있다. 바로 부모다.

미래 인재에게 창의력, 소통, 협력, 메타인지와 같은 미래 역량이 필요하다면 미래 학부모에게 필요한 역량은 '내 아이가 살아갈 미래에 대한 상상력'이다. 아날로그 세대를 거쳐 디지털 세대에 진입하고, 그 변화를 목격하며 적응해온 현재의 학부모들은 아이의 가장 좋은 교육자다. 수십 년 전, 학교에서 배운 지식에만 안주하는 것이 불가능한 시대가 온다는 것을 잘 알고 있는 까닭이다. 미래의 불확실성에 불안해하며 성적과 진학이라는 기존의 경쟁 공식을 되풀이하는 학부모가 될 것인가, 미래 역량을 키워주는 조력자가 될 것인가. EBS <미래학교>가 보여준 2주간의 시도가 선택의 기로에 선 학부모들에게 나침반이 되었기를 바란다.

미래
학교

초판 1쇄   2019년 10월 18일
초판 13쇄   2023년 2월 6일

기획   EBS MEDIA
지은이   EBS 다큐프라임 미래학교 제작진
펴낸이   이혜숙
펴낸곳   (주)그린하우스

편집   안덕희
디자인   글자와기록사이

등록   2019년 1월 1일 (110111-6989086)
주소   서울시 강남구 강남대로62길 3 한진빌딩 8층
전화   02-6969-8955
팩스   02-556-8477

값 15,000원
ISBN 979-11-966804-9-7 03370